LISBONNE

Aussi dépaysante qu'attachante, la capitale lusitanienne a le vent en poupe ! Ouverture de musées et de concept-stores, métamorphose des docks en lieux hype, street art de haute volée, expériences gastronomiques... Lisboa est plus créative que jamais ! Mais la plus belle des villes portugaises n'en est pas moins une cité millénaire au romantisme débordant. Pour la découvrir, empruntez ascenseurs et funiculaires (ah, les sept collines de Lisbonne !), gravissez d'interminables escaliers, grimpez au hasard dans un tram vintage et laissez-vous happer par son incomparable douceur de vivre comme par la beauté de ses vieux bairros (quartiers) colorés...

LES INCONTOUR-NABLES

Praça do Comércio

La praça do Comércio est la place emblématique de Lisbonne : tous les circuits y convergent. Marquée par l'histoire de la ville, elle ne manquera pas de vous éblouir avec ses bâtiments jaune safran, son ouverture sur le Tage et l'intense activité qui y règne. Voir p. 20.

Tram 28

Embarquez dans le petit tram jaune légendaire pour une balade urbaine hors du temps. Offrant le plus joli parcours, l'elétrico 28 se faufile partout et affronte les rues les plus pentues de la ville, qu'il est parfois le seul à pouvoir emprunter ! Voir p. 99.

Bairro Alto

À la tombée du jour, le Bairro Alto accueille les oiseaux de nuit à bras ouverts pour danser et faire la fête dans ses nombreux bars et restaurants. Laissez-vous emporter par cette ambiance joyeuse et désinvolte ! Voir p. 56.

Elevador de Santa Justa

Ce sublime ascenseur urbain, unique à Lisbonne, vous propulse de la Baixa au Chiado comme à la Belle Époque. De la plateforme qui coiffe cette délicate dentelle de fer néogothique, on surplombe la ville basse de 45 m et les belles ruines de l'église du Carmo. Voir p. 24.

Alfama

Âme de Lisbonne, ce quartier authentique surprend le visiteur. Au détour de ses ruelles étroites et sinueuses, les scènes de la vie quotidienne et les boutiques pittoresques apporteront une touche de douceur à votre promenade. Voir p. 88.

Castelo de São Jorge

Ces vestiges du Moyen Âge dégagent une atmosphère toute particulière, et rappellent que Lisbonne a été une ville marquée par l'histoire. Pour ajouter à la magie du lieu, le Castelo offre aussi un panorama unique de la capitale. Voir p. 88.

Les miradouros

Sans ses célèbres belvédères Lisbonne ne serait pas Lisbonne ! Éparpillés sur les sept collines lisboètes, secrets, romantiques ou pleins de vie, avec buvette de rigueur, à chacun son atmosphère pour savourer Lisbonne en cinémascope. Voir p. 65.

Museu nacional do Azulejo

Cet ancien couvent est l'exemple même de la beauté et de l'exubérance du baroque portugais, soulignées par les déclinaisons d'azulejos. L'azulejo ne fait qu'un avec l'art portugais et décore Lisbonne de carrés colorés tous différents. Voir p. 115.

Parque das Nações

Un quartier futuriste, des bâtiments vertigineux et une télécabine pour survoler la scène... Sans compter l'un des plus grands aquariums d'Europe, dont les nombreux écosystèmes recréés sont époustouflants. Voir p. 162.

Museu Calouste Gulbenkian

Ce musée parmi les plus prestigieux d'Europe expose quatre millénaires de création artistique, de l'Antiquité au début du XXe s. Une collection riche de 6000 œuvres éclectiques qui s'expose également dans le très beau parc. Voir p. 154.

Belém

La tour de Belém, véritable bijou se reflétant dans le Tage, mérite une halte avant de découvrir l'architecture audacieuse du mosteiro dos Jerónimos. Symbole de l'époque des grandes découvertes et des explorateurs, Belém regorge de monuments et de musées passionnants, notamment le tout nouveau museu de Arte, Arquitetura e Tecnologia (MAAT). Voir p. 138.

Sintra

Une ancienne résidence royale façon patchwork, un palais fantaisiste aux couleurs hypervitaminées perché sur une colline, une quinta délirante tout droit sortie d'un rêve manuélin, une forteresse bâtie par les Arabes au IXe s., le tout au cœur d'une serra romantique à souhait... Décidément, la belle Sintra ne laisse jamais indifférent. Voir p. 166.

EXPÉRIENCES UNIQUES

Goûter aux *pastéis de nata* qui sortent du four...

... C'est l'un des petits plaisirs incontournables de tout séjour à Lisbonne. Inventés à Belém, les irrésistibles petits flans logés dans leur coque feuilletée ont leurs temples : Pastéis de Belém, Confeitaria Nacional et Pastelaria Versailles (p. 33 et 151).

Siroter un *bica* avec le fantôme de Pessoa...

... aux terrasses des vieux cafés littéraires A Brasileira (p. 45) et Café Martinho da Arcada (p. 21). Le bica, ce petit café serré pris à toute heure, accompagne les pauses des Portugais !

Prendre l'*aperitivo* avec les Lisboètes...

...dans une vieille *ginjinha* du Rossio, en trinquant sur le pavé comme il se doit, avec un dé à coudre de liqueur locale à base de griottes. A Ginjinha et Ginjinha Sem Rival sont deux adresses emblématiquse (p. 32).

Découvrir le street art de Lisbonne...

... avec Lisbon Street Art Tours (p. 204), un collectif de designers et d'anthropologues du street art francophones et anglophones. L'occasion de découvrir l'histoire qui lie la ville aux fresques qui l'embellissent.

Pister la Lisbonne créative...

... dans les friches industrielles de la LX Factory (p. 126) entre street art, boutiques de designers, cafés et restaurants tendances, et de préférence un dimanche pour profiter de l'animation du marché aux puces.

S'offrir un rasage à l'ancienne...

... chez le plus vieux barbier d'Europe. Relique de la Belle Époque, Barbearia Campos est une adresse mythique qui a vu défiler rois, politiciens, artistes et écrivains (p. 54). Si vous rêvez d'une coupe vintage dans le style Rudolph Valentino ou d'un rasage dans les règles de l'art.

Traverser le Tage en *cacilheiros*...

Douce échappée sur la mer de Paille, gratifiée de vues inédites sur Lisbonne, le petit ferry orange vous emmène sur l'*outra banda*, l'autre rive du Tage. Arrivé à Cacilhas, longez les docks dans une ambiance de polar et dînez au bout du monde à Ponto Final (p. 171). Magique !

Faire la tournée des bars de pink street...

Un sol peint en rose, une enfilade de bars et de clubs branchés, on joue des coudes pour se frayer un chemin dans la rua Nova do Carvalho (p. 78), devenue le haut lieu de la fête lisboète. Préparez-vous au bain de foule et à danser jusqu'à l'aube !

Débusquer les futures étoiles du fado...

... en grignotant des petiscos chez Povo (p. 84), une petite tasca bohème à l'esprit ouvert, qui reçoit chaque mois un jeune artiste en résidence.

Marcher dans le vide sur le pont du 25-avril...

... Le petit frère du Golden Gate Bridge de San Francisco ne se traverse pas à pied mais dévoile tous ses secrets à l'Expêriencia Pilar 7 (p. 127). Un ascenseur vous propulse dans un cube de verre suspendu dans le vide d'où le panorama est vertigineux.

NOS ADRESSES COUPS DE CŒUR

Adresses gourmandes, bars branchés ou intimistes, boutiques originales, voici la sélection coup de cœur 100 % lisboète de notre auteur.

Ma taverne : A taberna da Rua das Flores

Mignon, simple et bon, mon adresse fétiche pour savourer une cuisine 100 % lisboète.

Voir p. 78, quartier Cais do Sobré et Bica.

Un restaurant de poche : Mercearia do Século

La douce Fernanda me régale toujours avec ses petits plats portugais ultra-frais.

Voir p. 66, quartier De Príncipe Real à São Bento.

Pensão Amor

Park

Dans l'Alfama : Os gazeteiros

De la finesse, du goût et de la bonne humeur, allez-y les yeux fermés.

Voir p. 88, quartiers L'Alfama et le castelo de São jorge.

Terrasse avec vue : Ponto Final

Ambiance « bout du monde » pour dîner au bord de l'eau.

Voir p. 170, quartiers La Costa do Sol et la rive sud du Tage.

Ponto final

À l'avant-garde : Galeria Zé Dos Bois

Des expos et des concerts dans un ancien palais : mon point de chute préféré dans le Bairro Alto.

Voir p. 56, quartier Le Bairro Alto.

Vue de rêve : Café da Garagem

Mon cocon pour papoter. Ce trésor caché à l'ombre du Castelo réserve une vue de rêve.

Voir p. 88, quartier L'Alfama.

Café da Garagem

UN GRAND WEEK-END SUR MESURE

Nous avons découpé la ville en 16 quartiers et proposons des escapades à Queluz et Sintra, sur la Costa do Sol et sur les plages de Costa da Caparica. Évidemment, en trois jours, vous ne pourrez pas faire toutes ces balades, alors suivez notre programme pour découvrir l'essentiel et prendre le pouls de la ville.

Quartier de la Mouraria

J1

matin

Rendez-vous au bord du Tage, sur la monumentale praça do Comércio, pour une entrée triomphale dans la Baixa (quartier 1). Remontez la commerçante rua Augusta, admirez l'ascenseur de Santa Justa et flânez un peu dans le Rossio (quartier 2) pour capter l'atmosphère de la ville, battre en douceur les jolis pavés de la praça Dom Pedro IV et succomber à vos premiers *pastéis de nata* à la Confeitaria Nacional.

midi

Aventurez-vous dans la Mouraria (quartier 8) pour débusquer l'adorable rua de São Cristovão, ses petites boutiques et ses cafés bohèmes : déjeunez chez O Corvo.

après-midi

Grimpez ensuite au fabuleux belvédère de Graça pour admirer la vue sur le Castelo de São Jorge et allez vous perdre dans les ruelles labyrinthiques de l'Alfama (quartier 7).

soir

Dînez chez Os Gazeteiros et finissez la soirée avec un bon bol de saudade au Clube de Fado.

J2

matin

Direction le Chiado (quartier 3) pour une séance de lèche-vitrines rua Garrett, un bica (café) au célèbre café A Brasileira et une rêverie dans les belles ruines de l'igreja do Carmo. Après une halte au belvédère São Pedro de Alcântara (quartier 4), la rua Dom Pedro V vous mènera au quartier branché de Príncipe Real (quartier 5) et son délicieux jardin.

midi

Déjeunez à la Mercearia do Século.

après-midi

Goûtez à l'ambiance de village du Bairro Alto (quartier 4), butinez dans ses petites boutiques ou visitez l'église de São Roque.

soir

Attendez le coucher de soleil sur le Tage au miradouro de Santa Catarina puis allez dîner dans le *food hall* du mercado da Ribeira (quartier 6). Retour dans les ruelles du Bairro Alto pour trinquer avec les Lisboètes, avant d'aller vous encanailler à Cais do Sodré, le long de la fameuse Pink Street (quartier 6).

J3

matin

Prenez le métro jusqu'aux merveilleuses collections d'art du museu Calouste Gulbenkian (quartier 14), redescendez à pied l'avenida da Liberdade et sautez à bord du tram 28 pour un parcours mythique jusqu'à la basilique et le jardim da Estrela.

midi

Déjeunez avec les locaux au mercado de Campo de Ourique.

après-midi

On s'évade dans la Lisbonne des Découvertes à Belém (quartier 11) : joli coup d'œil sur la torre de Belém avant d'admirer la splendide dentelle de pierre du mosteiro dos Jerónimos. Plutôt d'humeur arty ? Foncez voir le musée Berardo ou les expos du MAAT !

soir

Sur le chemin du retour, halte à Alcântara (quartier 10) pour voir de près le ponte de 25-Abril, dîner et boire un verre avec les branchés du village créatif de LX Factory et danser jusqu'à l'aube dans une discothèque des docks.

Nos conseils de visite

La plupart des musées et monuments sont fermés le lundi, d'autres le mardi ou le mercredi. Organisez votre programmeen fonction. Les horaires d'ouverture des églises sont assez aléatoires : prévoyez un plan de secours au cas où vous trouveriez porte close.

SI VOUS PROLONGEZ VOTRE SÉJOUR

Vous connaissez déjà les incontournables de Lisbonne? Sortez des sentiers battus et explorez des quartiers plus authentiques ou partez en excursion dans la romantique Sintra!

Sintra (visite 17)

Direction l'estação central do Rossio (la gare centrale) pour prendre un train direct pour Sintra. La douceur du « glorieux Éden » permet une escapade romantique à souhait. Vous y découvrirez des palais et châteaux à l'architecture et aux couleurs dignes de contes fantastiques, au milieu de grands jardins luxuriants. Une virée hors du temps à quelques minutes seulement de la capitale. Magique!

Campo Grande, Lumiar et Monsanto (quartier 15)

Excentrés, les quartiers du nord de Lisbonne sont une bonne alternative si vous pensez que la ville n'a plus de secrets pour vous. Si, au premier abord, ils semblent ultra-industrialisés et désagréables, ils cachent en réalité des trésors culturels uniques en leur genre, à l'image du museu nacional do Traje e da Moda, dont la collection vaut le détour, ou du palácio

Palácio Nacional de Sintra

Maquette de caravelle, Lisboa Story Centre

dos Marqueses de Fronteira, aux extraordinaires panneaux d'azulejos. Derrière le béton armé de ces quartiers bat un cœur : pour preuve, c'est ici que le museu de Lisboa vous racontera l'histoire si riche de la capitale portugaise.

Avec les enfants

Faites une petite virée brinquebalante en tramway : une aventure en soi ! Offrez-leur une plongée ludique dans l'histoire de Lisbonne au Lisboa Story Centre. À Belém (quartier 11), ils pourront rêver devant les carrosses de conte de fée du museu nacional dos Coches et les bateaux du museu da Marinha. Le parque das Nações (quartier 16) est idéal pour une sortie en famille : jardins d'eau, voyage en télécabine, expériences ludiques au pavilhão do Conhecimento et faune marine extraordinaire à l'Oceanário, l'un des plus grands aquariums d'Europe. Lions de mer et tarentules les attendent au Jardim zoológico. Pour les châteaux de sable, les plages sont à portée de Lisbonne !

Palácio dos Marqueses de Fronteira

VISITES PAR QUARTIER

La tour de Bélem

À SAVOIR

Visiter la ville

Nous avons découpé la ville en **16 quartiers** que vous pouvez pour la plupart visiter à pied. Les quartiers excentrés Belém (quartier 11), Lapa et Alcantâra (quartier 10) ou le parque das Nações (quartier 16) sont accessibles en train, tram ou métro.

Nous vous proposons deux escapades dans les environs proches de Lisbonne. Pour rallier **Sintra** (visite 17), vous devrez prendre le train, puis sur place, vous pourrez vous déplacer en bus entre les principaux sites. **La Costa do Sol** (visite 18) est accessible via le train du littoral depuis Cais do Sodré.

Tram 28E dans les rues de l'Alfama

Lire les cartes

- Chaque visite est accompagnée d'un plan détaillé sur lequel nous avons placé tous les **points d'intérêt** du quartier.
- Les **pastilles de couleur** indiquent nos bonnes adresses de **restos**, de **bars** et de boutiques.
- Le numéro de la pastille colorée correspond à celui attribué à chacune des adresses. Reportez-vous au chapitre concerné pour lire la notice de l'établissement.

Se déplacer

Sept collines à grimper, autant à descendre ! Prévoyez de bonnes chaussures (rues pentues, pavés glissants).

N'hésitez pas à sauter dans un tramway (*eléctrico*), un ascenseur (*elevador*) ou un funiculaire (*ascensor*) pour vous reposer. Trois funiculaires vous

Nos conseils de visite

Évitez de visiter Belém le week-end et le matin en général en raison de l'affluence touristique (cars de touristes) : très longues files d'attente au mosteiro dos Jerónimos et à la torre de Belém, classés à l'Unesco.

- En revanche, mieux vaut visiter le castelo de São Jorge dès l'ouverture.
- Il est conseillé d'acheter son billet en ligne pour l'Oceanário de Lisbonne et les palais de Sintra.

propulsent de la ville basse à la ville haute : ascensor da Glória, ascensor da Bica et ascensor do Lavra. Pour éviter l'attente (au moins 1h de queue) à l'ascenseur de Santa Justa, qui relie la Baixa au Chiado, venez entre 8h et 9h.

Dans les quartiers comme Campo Grande, Lumiar et Monsanto, la marche est moins agréable, privilégiez le métro, le taxi ou le bus pour vous rendre d'un site à l'autre.

Infos Covid-19

Toutes les informations de ce guide ont été scrupuleusement actualisées. Néanmoins, compte tenu du contexte sanitaire, de nombreux sites sont amenés à restreindre leurs horaires d'ouverture, parfois à fermer l'accès à certaines salles ou à suspendre provisoirement démonstrations ou activités. Les consignes évoluent régulièrement. Nous vous recommandons de vérifier les horaires et conditions de visite de chaque lieu et adresse sur leur site internet ou leur page Facebook. Par ailleurs, de nombreux musées demandent de réserver la visite.

LA BAIXA ET LA PRAÇA DO COMÉRCIO 1

Derrière la praça do Comércio se déploie la ville pombaline, cité idéale tracée au cordeau par le marquis de Pombal après le séisme de 1755. La « ville basse » (Baixa, prononcez « baillecha »), damier de rues piétonnes envahies de magasins, de boutiques de souvenirs, d'hôtels et de restaurants, se prête à d'agréables déambulations. L'animation, les artistes de rue, les mosaïques de pavés polis et les vieilles échoppes rescapées font le charme de la balade.

Praça do Comerçio

1 Praça do Comércio⁺⁺⁺

L'ancienne **place du Palais** (terreiro do Paço), qui accueillit le palais royal pendant quatre siècles, s'ouvre sur la Baixa par un **arc de triomphe** et sur le Tage par un **embarcadère.** C'est ici qu'épices et or des colonies étaient déchargés. Aujourd'hui, en fin de journée, une foule compacte se rue vers les ferrys de banlieue. Chaque week-end, un **marché artisanal** s'installe sous les arcades.

Les bâtiments

Après le séisme de 1755, de nouveaux bâtiments à arcades furent construits sur cette vaste place par Eugénio dos Santos et Carlos Mardel. À la proclamation de la République, en 1910, ils furent peints en rose. Aujourd'hui, c'est un jaune royal qui les illumine.

La statue équestre du roi José Ier

Au centre se dresse fièrement le roi José Ier (1750-1777) sur un cheval de bronze qui piétine des serpents. Cette œuvre a été sculptée en 1775 par le célèbre Machado de Castro.

L'arco da rua Augusta

Faisant office de porte d'entrée, l'**arc de triomphe** (t.l.j. 9h-20h ; 3 €) donnant sur la rua Augusta est recouvert de grandes figures historiques comme Vasco da Gama ou le marquis de Pombal. Un ascenseur vous propulse au sommet pour une vue renversante sur la praça do Comércio et la Baixa. La visite comprend l'accès à la salle de machinerie de l'horloge.

Le côté sud

Reconnaissable à ses deux tours carrées, le **Cais das Colunas** a quelque chose de magique, avec son grand escalier de marbre qui pénètre dans les eaux du Tage. Ce point d'amarrage, accès privilégié des rois et des ambassadeurs, cultive le symbole d'un pays ouvert sur le monde.

2 Viniportugal✦

Viniportugal est un centre d'expérimentation du vin portugais. Vous pourrez y découvrir les différents cépages et les régions viticoles en vous servant aux fontaines distributrices. Les hôtesses sont là pour vous conseiller et la plupart des vins servis sont vendus à des prix

Pause dans le plus vieux café de Lisbonne : Café Martinho da Arcada

Quand il n'était pas accoudé au comptoir d'A Brasileira (p. 45), Pessoa fréquentait ce café littéraire ouvert en 1782. Si vous ne décrochez pas la table très disputée du poète, vous pourrez malgré tout siroter un verre ou grignoter un sandwich (3,50-4 €) sous les arcades de la terrasse.

3 Praça do Comércio, 3 • 218 879 259 • www.martinhodaarcada.com • Lun.-sam. 7h-23h • Plat : 16,50-29,50 €.

producteur par cette association de promotion des vins portugais.

Sala Ogival, praça do Comércio, Ala Poente • ☎ 213 420 690 • www.viniportugal.pt • lun.-jeu. 14h-19h (ven.-dim. 12h-19h) • Dégustation libre à partir de 5 €, dégustations thématiques 10-25 €.

3 Lisboa Story Centre Memórias da Cidade✦✦

De l'Olisipo romaine à la révolution des Œillets (1974) en passant par la Lisbonne des découvertes et le séisme de 1755, revivez l'histoire de l'une des plus vieilles cités du monde au fil d'un parcours audioguidé riche en installations et en vidéos. À l'étage, salle interactive avec maquette virtuelle et écran tactile pour observer Lisbonne du ciel.

Praça do Comércio, 78-81 • ☎ 211 941 099 • www.lisboastory centre.pt • T.l.j. 10h-20h • Entrée : 6,50 €.

4 Igreja Nossa Senhora da Conceição Velha✦

Du XVIe s., seuls la façade et le portail de l'église **Notre-Dame-de-la-Vieille-Conception** ont survécu au tremblement de terre de 1755. Prenez le recul nécessaire pour admirer les sculptures dans le plus pur style manuélin et cherchez la Vierge qui protège Manuel Ier sous son grand manteau.

Igreja Nossa Senhora da Conceição Velha

Rua da Alfândega, 112-114 • ☎ 218 879 549 • Lun.-ven. 10h30-14h et 15h30-20h, sam., dim. et j.f. 10h-14h et 15h-18h • Entrée libre.

5 Conserveira de Lisboa✦✦✦

Fréquentée par les Lisboètes de génération en génération, cette échoppe spécialisée dans les conserves est tenue par la même famille depuis les années 1930. Derrière le vieux comptoir en bois s'empilent les boîtes de conserve de thon des Açores, de sardines, de morue, de maquereau ou de poulpe (2,90-9 €), emballées dans du papier rétro.

Rua dos Bacalhoeiros, 34 • ☎ 218 864 009 • www.conserveiradelisboa.pt • Lun.-sam. 10h-19h.

6 Museu do Design e da Moda (MUDE)✦✦

Installé dans l'ancien siège social de la banque BNU, le MUDE a pour vocation de présenter les œuvres de grands designers et couturiers du XXe s. (Charles et Ray Eames, Le Corbusier, Courrèges, Vivienne Westwood...), réunies par l'homme d'affaires Francisco Capelo puis acquises par la ville. Le projet d'aménagement en cours devrait offrir aux collections un plus bel écrin et mettre en valeur l'histoire du bâtiment.

Rua Augusta, 24 • ☎ 218 171 892 • www.mude.pt • F. pour travaux; sans prévision de date de réouverture.

Conserveira de Lisboa

7 Museu do Dinheiro - Muralha D. Dinis⁺⁺

Toucher un lingot d'or de 12 kg, imprimer un billet de banque à son effigie, apprendre à détecter un faux billet et voir de près l'œuvre du plus grand faussaire du Portugal… le musée de l'Argent invite à se pencher sur les trésors de la Banque du Portugal au fil d'un parcours ludique et interactif. Il est installé dans l'ancienne église de São Julião dont la crypte recèle un pan de la muraille de Dom Dinis Ier datant du XIIIe s.

Largo de São Julião • ☎ 213 213 240 • www.museudodinheiro.pt • Mer.-dim. 10h-18h (f. 1er janv., 1er mai, 25-29 déc). • Entrée gratuite.

8 Rua da Conceição⁺

Hors du temps, la « rue des Merceries » aligne les échoppes traditionnelles où vous pourrez faire le plein de jolis boutons rétro, de passementeries et de rubans de toutes les couleurs. Au nº 91, ne manquez pas la délicieuse vitrine Art nouveau de la boutique **Retrosaria Bijou**, ouverte depuis 1915.

9 Núcleo Arqueológico⁺

Devant rouvrir prochainement si la situation sanitaire le permet, la banque Millenium BCP cache dans son sous-sol des vestiges de la Lisbonne romaine et médiévale. L'itinéraire souterrain vous guide entre les murs d'habitations de ces époques et dans les vestiges d'un complexe préindustriel – une voie pavée garde la trace de roues –, avec silos à céréales, amphores à huile et bassins de salaison. Une magnifique mosaïque (IIIe s.) indique l'existence de thermes romains.

Fundação Banco Comercial Português (BCP), rua Augusta, 96 • ☎ 211 131 682 • Visites guidées gratuites (en portugais et en anglais) : lun.-sam. 10h-17h (toutes les heures); f. j.f.; résa conseillée • Entrée libre.

10 Elevador de Santa Justa⁺⁺⁺

Le style « dentelle de fer » ne trompe pas : cet ascenseur (1902) a été dessiné par Mesnier de Ponsard, un disciple de Gustave Eiffel ! À l'époque, devant une

Elevador de Santa Justa

foule ébahie, le roi a franchi à cheval la haute passerelle, prouvant ainsi sa solidité. L'*elevador* a conservé ses belles cabines en bois pour transporter les passagers de la Baixa au Chiado, 32 m plus haut. De la plateforme, accessible par un étroit escalier en colimaçon, la vue est spectaculaire : la Baixa, le Rossio, le Castelo de São Jorge et le Tage se déploient sous vos yeux.

Rua do Ouro/largo do Carmo • Mai-oct. : t.l.j. 7h30-23h; nov.-avr. : t.l.j. 7h30-23h • A/R et mirador : 5,30 €, A/R inclus dans le forfait 24 heures transports illimités Carris/ métro, Miradorseul 1,50 €.

Restos | Bars | Hôtels | Shopping | Activités

Restos Bistrots

Fábrica Lisboa

Café-boulangerie 1 Plan E4

Débordant d'objets rétro, ce petit café-boulangerie attire les jeunes bobos du quartier avec ses croissants frais en version sucrée ou salée : compote, Nutella, jambon et fromage, saumon... Également au menu, des soupes, des sandwichs au pain rustique, des tartines, des quiches et des salades. Sans oublier les viennoiseries et pâtisseries maison pour le goûter.

Rua da Madalena, 121, M° Rossio ou tram 28E, arrêt Largo da Madalena • ✆ 215 968 827 • T.l.j. 8h-19h • Snack : 1,30-6,90 €; salade : env. 8 €.

Nova Pombalina

Sandwichs 2 Plan E4

Une petite cantine populaire où cols blancs en pause déjeuner côtoient mamies du quartier, étudiants et touristes. L'adresse est prisée pour ses petits sandwichs au porc rôti, au poulet, au jambon ou à l'omelette, accompagnés de chips, de soupes et de jus de fruits naturels. Simple, bon et pas cher pour le quartier, avec un service rapide et efficace!

Rua do Comércio, 2-4, M° Terreiro do Paço, Tram 28E, arrêt Largo da Madalena • ✆ 218 874 360 • Lun.-ven. 7h30-19h, sam. 8h-17h30 • Sandwich : 3,90-4,50 €.

VOIR AUSSI P. 21 :
Café Martinho da Arcada 3

Bars, clubs Sorties

Bebedouro

Bar à vins 1 Plan E4

Ce bar à vins contemporain est spécialisé dans les vins du Nord du Portugal. La carte, pointue, promet de déguster un excellent *vinho verde* bien frais en terrasse ou un porto vintage dans la petite salle baignée de musique. Et pour grignoter : charcuterie, fromages, tartines de sardines ou de maquereau, salades, etc.

Rua de São Nicolau, 24, M° Baixa-Chiado • ☎ 218 860 376 • T.l.j. 12h-22h • Verre de vin : 3,50-10 €.

Ministerium Club

Club 2 Plan E5

La crème des DJ locaux et internationaux se produit dans ce club branché, référence de la scène électronique lisboète, logé sous les hautes voûtes de l'ancien ministère des Finances. Ouvert généralement le samedi, il vaut mieux consulter le site pour connaître la programmation car chaque soirée est un événement. Le club ne se remplit que vers 2h ou 3h du matin d'une foule éclectique.

Praça do Comércio, 72, M° Terreiro do Paço, tram 15E ou 25E, arrêt Praça do Comércio • ☎ 218 888 454 • Facebook : Ministerium Club • Généralement sam. minuit-8h • Entrée : 7-20 € selon programmation.

Hôtels B&B

Brown's Central Hotel

Au cœur de la Baixa, cet hôtel offre des chambres cosy et bien équipées, ambiance « gros coussins et velours rouge ». Le buffet du petit déjeuner offre un large choix et le bar, au rez-de-chaussée, est l'endroit idéal pour un dernier cocktail.

Rua da Assunção, 75, M° Baixa-Chiado • ☎ 213 420 328 • www.hotelbrownscentral.com • 80-180 €.

Shopping Cadeaux

A Outra Face da Lua

Mode Vintage 1 Plan E4

L'antre *shabby chic* de Carla Belchior est une mine de fringues vintage des années 1960, 1970 et 1980 à prix doux. C'est une institution à Lisbonne, on peut y dénicher au choix des petites robes en coton ou en polyester (15-80 €), des jeans rétro et des maillots

Ministerium Club

A Outra Face da Lua

de bain de pin-up. Une superbe collection de petits sacs à main en cuir et un stock de boucles d'oreilles eighties ultra clinquantes permettent de compléter sa tenue.

Rua da Assunção, 22, M° Baixa-Chiado • ☎ 218 863 430 • Facebook : A Outra Face Da Lua • Lun.-sam. 10h-19h30.

Lisbon Shop

Souvenirs et cadeaux 3 Plan E5

Faites un saut dans la boutique de l'office de tourisme. Dans un bel espace tout blanc, un tas d'objets pour tous les goûts sont exposés : bijoux de créateurs, carnets à l'effigie de Fernando Pessoa, porcelaines traditionnelles, mugs fado ou Lisboa (10-12 €), savons aux jolis emballages rétro (4-20 €), petits azulejos contemporains ou anciens, céramiques, etc.

Rua do Arsenal, 15, M° Terreiro do Paço • ☎ 210 312 802 • Facebook : Lisbon Shop • T.l.j. 9h30-19h30.

Discoteca Amália

Musique 5 Plan E4

Ce disquaire un peu vieillot est une adresse incontournable pour les amateurs de fado. Accueillis par le portrait de la grande Amália (dont vous êtes sûr de trouver tous les enregistrements

Discoteca Amália

sur place), les collectionneurs avertis y dénicheront à coup sûr des raretés (1-35 €) !

Rua Áurea, 272, M° Baixa-Chiado • ☏ 213 420 939 • Lun.-sam. 10h-13h et 15h-18h.

Garrafeira Nacional

Caviste 6 Plan E4

C'est l'un des grands cavistes de Lisbonne. Il propose un très vaste choix de portos (voir les raretés dans la cave du fond), vins portugais (à partier de 5 €), vins de Madère, moscatel de Setúbal, liqueurs locales, mais aussi whiskies, gins et vodkas. Pour la valise, optez pour les mignonnettes.

Rua de Santa Justa, 18, M° Rossio • ☏ 218 879 080 • www.garrafeira nacional.com • Lun.-ven. 9h30-19h30, sam. 9h30-19h.

Casa Macário

Caviste-brûlerie 7 Plan E4

Importateur depuis le début du XXe s., la maison Macário offre une incroyable variété de cafés des anciennes colonies portugaises (Brésil, 15 €/kg ; îles de São Tomé, 35 €/kg, Afrique, Timor, Indonésie) qu'elle torréfie sur place. Vous y trouverez aussi le plus vieux porto de Lisbonne, ou celui de vos rêves, un *colheita*, un *LBV* ou un *vintage* (voir p. 175).

Rua Augusta, 272-276, M° Rossio • ☏ 213 420 900 • www.casamacario.com • Lun.-sam. 9h30-19h30.

NOS BOUTIQUES GOURMANDES FAVORITES

Pousser la porte de ces vénérables maisons lisboètes, c'est comme ouvrir le grand placard de la cuisine portugaise! Voici les meilleures adresses de la capitale pour faire vos emplettes de conserves, café, thé, charcuterie, fromages de la montagne, vins et portos.

Manuel Tavares

Des cochonnailles aux vins portugais, cette épicerie fine propose depuis 1860 les meilleures spécialités régionales.

Voir p. 32, quartier Le Rossio.

A Carioca

Une relique Art déco où faire ses provisions de café, de thé ou de bonbons. On s'y arrête aussi pour le plaisir des yeux!

Voir p. 42, quartier Le Chiado.

Conserveira de Lisboa

Une institution lisboète pour pêcher quelques boîtes de sardines joliment enveloppées de papier craft.

Voir p. 20, quartier La Baixa.

Casa Macário

La Casa Macário sent bon le café torréfié, le vieux porto et le parfum suranné d'une maison centenaire.

Voir p. 20, quartier La Baixa.

Conserveira de Lisboa

Equador

Des tablettes de chocolat artisanales, aussi belles dehors que bonnes dedans. Du *made in* Porto à croquer.

Voir p. 42, quartier Le Chiado.

UN PEU D'HISTOIRE

Le jour de la Toussaint de 1755, un violent tremblement de terre ébranle Lisbonne. Sebastião José de Carvalho, marquis de Pombal, alors Premier ministre, va devenir le promoteur d'une véritable révolution urbanistique et économique. Il fait complètement raser le centre pour ériger une cité nouvelle, inspirée de l'esthétisme et du rationalisme de l'époque des Lumières.

Pavage typique de Lisbonne

Le tremblement de terre

Les premières secousses eurent lieu pendant la messe, provoquant **l'effondrement des voûtes de nombreuses églises.** La panique poussa les gens vers le fleuve, où ils furent refoulés par un raz-de-marée. Famine et épidémies succédèrent à la catastrophe. Lisbonne, ville très peuplée pour l'époque (150 000 habitants), compta environ 40 000 victimes. La magnitude du séisme, aujourd'hui estimée à 9 sur l'échelle de Richter, en fait l'un des plus puissants de l'histoire humaine. **L'événement défraya la chronique** dans l'Europe entière.

L'esprit des Lumières

Pombal ressortit triomphant de cette épreuve. Il obtint carte blanche du roi tant pour la **reconstruction de la ville** que pour la poursuite de sa politique. **Despote éclairé**, il engagea des réformes dans les domaines de l'économie, de la justice, de l'enseignement et du commerce. Résolument laïc et libéral, il avait pour ambition de transformer le pays entier en favorisant le développement d'une classe moyenne au détriment d'une noblesse et d'un clergé trop puissants. Ainsi, il abolit l'esclavage et entreprit une croisade féroce contre les Jésuites.

Une esthétique rationnelle

Souvent comparé à Haussmann, **Pombal** adopta, 100 ans avant lui, une approche fonctionnelle de l'urbanisme : reconstruire en rationalisant afin de faire de Lisbonne une **ville modèle**. Fini, les ruelles tortueuses et les façades fantaisistes. Les artères deviennent larges et orthogonales, et les édifices tous identiques, sans fioritures. Pour la première fois, on utilise des matériaux standardisés, souvent importés. Dans un souci de salubrité publique, Pombal rend obligatoires les puits, lance l'idée des égouts, des trottoirs et du pavage des rues.

La Baixa, quartier du commerce

L'esprit de Pombal s'illustre dans l'organisation de la ville basse (la Baixa, voir p. 20). Réservée au commerce et à l'artisanat, ses échoppes sont regroupées par corporations. En effet, c'est l'émergence d'une classe de marchands et de banquiers qui est à la base du développement du pays — c'est elle, en tout cas, qui soutient sa politique et finance ses travaux !

Des azulejos industriels

Il faut à la fois **faire vite** et lancer une esthétique nouvelle. Les techniques de décoration utilisées jusqu'alors pour les carreaux de faïence sont à la fois trop artisanales et trop baroques pour répondre à ces deux objectifs. En 1767, la création de la **Fabrique royale de faïence du Rato** permet de produire à grande échelle des carreaux aux motifs simplifiés (guirlandes, coquillages...).

On travaille selon un patron répétitif (le poncif), utilisé dans les couloirs, les escaliers et les cuisines. La polychromie est de retour et le manganèse donne une dominante violacée typique des carreaux de cette période (p. 120).

La *calçada portuguesa* : un héritage pombalin

Le pavage des rues *(calçada portuguesa)*, instauré par Pombal, consiste à assembler sans enduit de petites pierres de récupération en calcaire et en basalte en formant des dessins noir et blanc. À la fin du XIXe s., la mode s'impose vraiment et on l'adopte pour les grandes avenues, la totalité du Rossio et du Chiado. Les motifs sont inspirés de l'histoire des découvertes (caravelles et nefs) et du commerce (poissons, fruits...). Il suffit de baisser les yeux en marchant pour admirer ces véritables œuvres d'art qui brillent au soleil. Avec un peu de chance, le soir, dans quelque ruelle de la Baixa, vous verrez même à l'œuvre les derniers de ces artistes. Hélas, le nombre des paveurs diminue dangereusement : ils ne sont plus qu'une vingtaine à Lisbonne.

LE ROSSIO ET L'AVENIDA DA LIBERDADE 2

Ne vous fiez pas à son célèbre pavage pombalin « grande mer » hérité du XIXe siècle... Lieu de fêtes populaires, la place du Rossio est au cœur de la vie de la capitale depuis le Moyen Âge! Touristes et Lisboètes s'y croisent et s'y arrêtent pour ses cafés, ses pâtisseries légendaires et ses vieux bars à ginja. À deux pas, la praça da Figueira, avec ses petits commerces, est tout aussi animée.

Praça Dom Pedro IV

1 Praça Dom Pedro IV ou Rossio⁺⁺

La **place du Rossio** a troqué son nom médiéval pour celui du premier roi du Brésil, Pedro IV, perché sur sa colonne depuis le XIXe s. Courses de taureaux et autodafés s'y déroulaient jadis : le palais de l'Inquisition s'élevait au nord, à l'emplacement du **teatro nacional Dona Maria II.** Aujourd'hui, les terrasses se disputent la faveur des touristes, notamment celle du célèbre **Café Nicola**. La charmante **Tabacaria Mónaco** attire les curieux avec son délicieux décor fin XIXe s. (no 21, ☎ 213 468 191, lun.-ven. 9h30-18h45, sam. 9h30-13h).

2 Igreja de São Domingos⁺

Cette église majestueuse et magnifiquement désolée a de bien curieuses vibrations... Est-ce parce que l'Inquisition y a été très active, que mariages royaux et couronnements y ont été célébrés, ou plutôt parce que sa nef a entièrement brûlé en 1959 ? Piliers râpés, chapiteaux rayés, traces de feu, travaux inachevés, tout ce camaïeu de gris est surmonté d'une voûte en berceau de béton rose.

Largo de São Domingos • ☎ 213 428 275 • T.l.j. 7h30-19h • Accès libre.

3 Casa do Alentejo✦

Petit coin d'Alentejo (la région au sud-est du Tage) à Lisbonne, ce palais de la fin du XVIIe s. est le lieu de rendez-vous de tous les Alentéjans qui ont le mal du pays. Son superbe **pátio** mauresque accueille des expos d'art ou d'artisanat. Si vous aimez les lieux insolites, vous ne serez pas déçu par la grande **salle de bal** à l'étage, avec sa scène de théâtre au charme suranné. Grands miroirs, lustres, moulures, l'ambiance y est particulière…

Rua das Portas de Santo Antão, 58 • ☎ 213 405 140 • www.casadoalentejo.pt • T.l.j. 9h30-23h • Entrée libre.

Pause pâtisserie : Confeitaria Nacional

La plus vieille pâtisserie de Lisbonne dégage un délicieux parfum de vanille, celui des *bolos* et *pastéis de nata* qui depuis 1829 sortent de son four. Des plats du jour sont proposés le midi (menu env. 10 €). Self-service à l'étage.

9 Plan E4 • *Praça da Figueira, 18 B/C • ☎ 213 424 470 • www.confeitarianacional.com • Lun.-dim. 8h-20h, dim. 9h30-19h.*

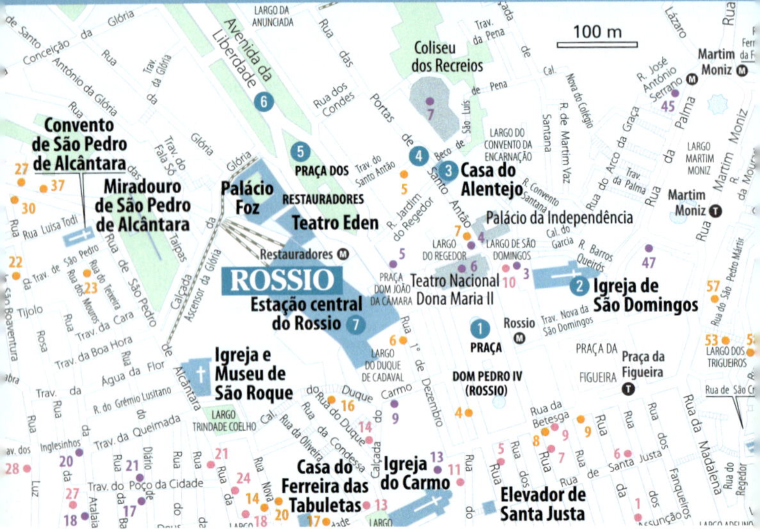

❹ Rua das Portas de Santo Antão✦

Animée le soir, cette rue piétonne déroule son tapis de restaurants, de commerces et de salles de spectacle, dont le prestigieux **Coliseu dos Recreios** au n° 96, un cirque devenu théâtre (p. 39). Tout au bout se cache l'**ascensor do Lavra** (p. 181), le plus vieux funiculaire de Lisbonne (1884), ignoré des touristes. En haut, le belvédère du petit jardim do Torel surplombe la Baixa.

❺ Praça dos Restauradores✦

Au centre de cette grande place un peu austère, un **obélisque** rend hommage aux Restaurateurs de l'indépendance du Portugal qui se soulevèrent contre l'Espagne en 1640. À l'ouest, le **palácio Foz** (XVIIIe s.) abrite l'office de tourisme et le museu nacional de Desporto (musée national du Sport). À sa gauche s'élève l'imposante façade art déco de l'ancien teatro Éden (1937).

❻ Avenida da Liberdade✦✦

Ici, Lisbonne rêve de Paris avec ses platanes, ses fontaines, ses magasins chic et ses marques de luxe. Ne manquez pas le vaisseau amiral de la marque de chaussures portugaises **Fly London** au n° 230. Cette belle et longue avenue se termine au nord par la **praça Pombal**, où trône une statue du grand homme. En chemin, plusieurs petits kiosques avec terrasse invitent à une pause glace, smoothie ou pâtisserie.

7 Estação Central do Rossio✦

Malgré le style manuélin de sa magnifique façade blanche entièrement sculptée, la gare centrale date de 1887… une époque où l'on affectionnait les pastiches néomanuélins, imitations parfaites de l'original.

Praça Dom João da Câmara.

Portails de la gare centrale du Rossio

Restos Bistrots

Café Nicola

Café littéraire 4 Plan E4

Devant la façade Art nouveau ou dans la salle Art déco, difficile d'imaginer qu'il s'agit de l'un des plus vieux cafés de Lisbonne. Ouvert au XVIIIe s., le prestigieux café littéraire a vu défiler politiciens, artistes et écrivains célèbres. Les prix des plats sont un peu élevés, mais on peut se contenter d'un café ou d'une boisson fraîche pour profiter de la terrasse.

Praça Dom Pedro IV, 24/25, M° Rossio • ☎ 213 460 579 • T.l.j. 8h-minuit (1h en été) • Fado : ven.-sam. 20h30-minuit • Plat : 13,50-20 €.

Bom Jardim

Portugais 5 Plan D3

Bienvenue chez le « Rei dos Frangos », le roi des poulets depuis les années 1950 ! Les visiteurs ont fini par se mêler aux habitués de cette table traditionnelle pour déguster à petit prix le poulet rôti au *piri-piri*. Faites comme eux et choisissez la terrasse pour profiter de l'animation ou d'un dîner à la fraîche. Une bonne solution de repli pour échapper aux « menus touristiques » du quartier.

Travessa de Santo Antão, 12, M° Restauradores • ☎ 213 427 424 • T.l.j. 12h-22h30 • Demi-poulet : env. 6 €.

Leão d'Ouro

Portugais 6 Plan D3

C'est une institution locale : depuis 1842, les serveurs en livrée virevoltent pour servir les gastronomes. Aux murs, de superbes azulejos et dans les assiettes, des plats raffinés typiques de la gastronomie lisboète. Mention spéciale pour les rillettes de thon (2,50 €), et pour la morue grillée à l'ail et à l'huile d'olive (19 €), la spécialité de la maison. Des plats généreux, une présentation irréprochable, mais parfois un peu d'attente.

Rua 1° de Dezembro, 105, M° Restauradores • ☎ 213 426 195 • T.l.j. 12h-23h • Plats : 15,50-26,50 €.

Gambrinus

Portugais traditionnel 7 Plan E3

Ouvert en 1936, Gambrinus est une institution haut de gamme où l'on vient déguster sur des tables nappées de blanc les grands classiques de la gastronomie portugaise. Chaque jour, en plus de la carte, deux spécialités de viande et de poisson sont proposées : chevreau rôti, perdrix en croûte, cozido a portuguesa, mérou grillé…

Rua das Portas de Santo Antão, 23, M° Restauradores • ☎ 213 421 466 •

Leão d'Ouro

www.gambrinuslisboa.com • T.l.j. 12h-23h • Plat : 18-38 € • Résa conseillée.

Bastardo

Portugais moderne 8 Plan E4

Caché au premier étage de l'Internacional Design Hotel, Bastardo séduit aussi bien par sa déco pétillante et sa vue sur la place du Rossio que par sa cuisine portugaise twistée par le chef Renato Bonfim : risotto de citrouille aux baies de Goji et huile de truffe, poulpe au Bourbon, morue aux champignons shitake...

Rua da Betesga, 3, M° Rossio • ☏ 213 240 993 • www.restaurantebastardo.com • T.l.j. 7h-10h30 et 12h30-15h et 18h-22h30 • Plat : 14-23 €; menu du jour : 16 € • fermé temporairement.

VOIR AUSSI P. 33 :

Confeitaria Nacional 9 Plan E4

Bars, clubs Sorties

A Ginjinha

Bar 3 Plan E3

Il y a toujours du monde au comptoir, et pour cause : c'est ici que la fameuse liqueur de griottes a été commercialisée pour la première fois en 1840 ! Lisboètes et touristes se bousculent ainsi dans le plus vieux bar à *ginjinha* de la ville pour un godet d'Espinheira (la recette d'un moine), englouti sur le trottoir. Jetez un œil aux publicités surannées de la devanture.

Largo de São Domingos, 8, M° Rossio • ☎ 218 145 374 • T.l.j. 9h-22h • Liqueur : 1,40 €.

Ginjinha Sem Rival

Bar 4 Plan E3

Tout aussi désuet que son voisin A Ginjinha, ce débit de boisson grand comme un mouchoir de poche est le seul à produire sa propre *ginjinha*, la fameuse liqueur Eduardino. Et on la sert ici depuis 1890 ! Essayez de rester au comptoir pour apprécier cette capsule hors du temps avec son défilé d'habitués, rythmé par les *« com »* ou *« sem elas »* : « avec » ou « sans cerise », la *ginjinha !*

Rua das Portas de Santo Antão, 7, M° Restauradores • ☎ 213 468 231 • Lun.-ven. 8h-minuit, sam.-dim. 9h- minuit ; f. 25 déc. • Liqueur : 1,10-1,40 €.

Rossio Gastrobar

Rooftop 5 Plan D3

Sur les toits de l'hôtel Altis Avenida, ce divin balcon sur Lisbonne offre une vue étourdissante sur le Castelo, l'elevador de Santa Justa et le fleuve. Le Rossio Gastrobar séduit aussi avec son décor Art déco contemporain décliné en vert, noir et blanc, sa carte de vins et de cocktails, ses petits plats un brin gastro et ses *petiscos* à partager.

Rua 1° Dezembro, 122 • ☎ 210 440 018 • www.rossiogastrobar.com • Mer.-dim. 16h30-minuit • Verre de vin : 5 € ; cocktail : 12-16 €.

Teatro Nacional Dona Maria II

Théâtre 6 Plan E3

Le grand théâtre de Lisbonne, fondé par l'écrivain romantique Almeida Garrett et inauguré en 1846 fut ravagé par un incendie en 1964. Entièrement restauré, l'imposant palais offre son écrin néoclassique à la dramaturgie portugaise et internationale. Certaines performances, par leur nature ou l'utilisation de sous-titres, sont accessibles aux étrangers.

Praça Dom Pedro IV • ☎ 800 213 250 • www.tndm.pt • Spectacles : 9-16 € • Visites guidées en français (plein tarif : 8 €).

Coliseu dos Recreios

Concerts 7 Plan DE3

C'est la salle de spectacle de Lisbonne spécialisée dans

les concerts de musique contemporaine, étape incontournable des artistes ou des groupes étrangers en tournée internationale comme Caetano Veloso, Sufjan Stevens…

Rua das Portas de Santo Antão, 96, M° Restauradores ou Rossio • ☏ 213 240 580 ou ☏ 213 240 585 • www.coliseulisboa.com • Billetterie : lun.-sam. 13h-19h30 • Billets : 20-90 €.

Hôtels B&B

Gat Rossio

Des chambres modernes à deux pas du Rossio. Terrasse pour le petit déjeuner.

Rua Jardim do Regedor, 27-35 (plan D3), M° Restauradores • ☏ 213 478 300 • hotelgatrossio.com • 40-180 €.

International Design Hotel

Pop, Zen, Tribal ou Urban, chaque étage de cet hôtel tendance a son propre style. Son restaurant, Bastardo (voir p. 37), est tout aussi branché.

Rua da Betesga, 3 (plan E4), M° Rossio ou Restauradores • ☏ 213 240 990 • www.idesignhotel.com • 120-300 €; petit déjeuner : 15 €.

Lisbon Destination Hotel

Situation insolite pour cet *hostel* logé… dans la gare du Rossio ! Chambres et dortoirs modernes donnant sur le Rossio ou le jardin d'hiver.

Largo Duque de Cadaval, 17 (gare du Rossio, 2e ét.; plan D3-4), M° Restauradores • www.destinationhostels.com • Dortoir : env. 20 €.

Quinta Collina Boutique Guesthouse

Sur la cinquième colline de Lisbonne, un B&B contemporain dans un ancien palais du XVIIIe s. Terrasse sur le toit avec vue sur le Castelo.

Calçada Sant'Ana, 200, M° Restauradores • ☏ 216 089 529 • https://shiadu.com • 50-120 €.

Shopping Cadeaux

Manuel Tavares

Épicerie fine 9 Plan E4

Les étagères de cette épicerie fine regorgent de marchandises, la confiserie côtoie les spécialités régionales et les parfums se mélangent. C'est l'un des endroits où acheter vos souvenirs culinaires : *queijo da Serra* (fromage de brebis) env. 27 € le kilo, *beira Baixa* (jambon cru), charcuterie alentéjane (*chouriço*, pieds de porc, saucissons fumés et *alheiras de Mirandela*), confitures de couvent et portos.

Rua da Betesga, 1A/B, M° Rossio • ☏ 213 424 209 • www.manueltavares.com • Lun.-sam. 10h-19h30.

Chapelaria Azevedo Rua

Chapelier

10 Plan E3

Le plus ancien chapelier du Portugal a pignon sur rue depuis 1886 et cumule le savoir-faire de cinq générations d'artisans chapeliers. Rien que pour la boutique tout en boiseries de style 1900, passez la tête et essayez quelques chapeaux dans le sillage de Fernando Pessoa, qui y achetait son célèbre feutre noir ! Compter 70 € pour vous payer le look du grand poète.

Praça Dom Pedro IV, 69 et 73, M° Rossio • ☎ 213 427 511 • www.azevedorua.pt • Lun.-ven. 9h30-19h, sam. 10h-19h.

Chapelaria Azevedo Rua

GINJA L'APÉRITIF LISBOÈTE

La *ginja* (ou *ginjinha*) est une eau-de-vie à base de griottes dont les origines se perdent au Moyen Âge. Des échoppes disséminées aux abords du Rossio sont spécialisées dans cette boisson, elles se résument à un simple comptoir où l'on commande son verre de liqueur (env. 1,50 €) que l'on avale sur le trottoir en discutant. C'est authentique et tellement lisboète! En voici 3 institutions...

A Ginjinha

Le plus vieux bar à *ginjinha* de la ville sert la liqueur de griottes depuis 1840!

Voir p. 32, quartier Le Rossio.

Ginjinha Sem Rival

Ce bar minuscule est le seul à produire sa propre ginja...

Voir p. 32, quartier Le Rossio.

A Ginginha do Carmo

Un bar à ginja nouvelle génération tenue par une femme!

Voir p. 42, quartier Le Chiado.

Ginjinha Sem Rival

LE CHIADO, AUTOUR DE L'IGREJA DO CARMO

3

Reconstruit après la catastrophe de 1755, le Chiado était devenu le rendez-vous de la bohème artistique et des élégantes en quête de la dernière mode. Ravagé par un incendie en 1988, ce quartier chic et intello a retrouvé son élégance grâce à une restauration soignée. Il flotte toujours un parfum de Belle Époque dans ses ruelles pavées où vieilles enseignes, cafés et barbiers résistent à l'invasion des boutiques branchées.

Café A Brasileira

1 Rua do Carmo✦

Le trait d'union entre la Baixa et le Chiado est bordé de magasins de mode et de jolies devantures 1900 comme la **Joalharia do Carmo** (nº 87B) et **Au Bonheur des Dames.** Les complaintes d'une *fadista* vous guideront chez **Carrinha do Fado,** un disquaire (lun.-sam. 9h-19h) logé dans une voiture rétro près de l'elevador de Santa Justa. Inspiré de la Samaritaine à Paris, le grand magasin **Grandella** (aujourd'hui enseigne H&M), d'où partit l'incendie de 1988, précède le centre commercial **Armazéns do Chiado.**

2 Rua Garrett✦✦

La très chic rua Garrett a conservé quelques-uns des plus anciens magasins de Lisbonne avec leurs somptueux décors d'époque. Parmi eux, ne manquez pas le décor de style Louis XV de l'ancienne bijouterie **Ourivesaria Aliança** (magasin Tous, au nº 50), l'intérieur

Les nefs à ciel ouvert de l'Igreja do Carmo

Art déco de la **Casa Havaneza** (p. 53), les boiseries de **Paris em Lisboa** (n° 77) et l'ascenseur Art nouveau de l'ancien grand magasin Ramiro Leão, aujourd'hui **Benetton** (n° 83, 4e ét.). Aux nos 73-75, la **Livraria Bertrand**, fondée par deux Français en 1732, est la plus vieille librairie du monde !

3 Igreja do Carmo e Museu Arqueológico**

Sévèrement touchée lors du séisme de 1755, cette église en partie restaurée (le portail et les murs extérieurs datent du XIVe s.) abrite un **musée archéologique.** La visite est pour le moins originale puisque les travées des trois nefs sont à ciel ouvert ! À voir, dans l'abside, les panneaux d'azulejos du XVIIIe s. évoquant la Passion, les céramiques et les momies précolombiennes, les ornements des tombeaux royaux ou le plafond en brique (XVIIIe s.).

Largo do Carmo • 213 478 629 • Lun.-sam. 10h-18h (19h juin-sept.) • Entrée : 5 €.

4 Museu da Guarda Nacional republicana*

Ce petit musée moderne retrace l'histoire de la **garde nationale républicaine** dans l'ancien couvent des Carmes (fin XIVe s.). C'est ici que le régime de Marcelo Caetano fut renversé par la révolution des Œillets.

Largo do Carmo, 27 • 213 217 222 • www.arquivomuseugnr.pt • Lun.-sam. 10h-18h (dern. entrée 17h30); f. 1er janv., Vendredi saint, dim. de Pâques, 1er mai, 24-25 et 31 déc. • Entrée libre.

5 Casa do Ferreira das Tabuletas**

Au XIXe s., l'azulejo (p. 120) était utilisé pour décorer les façades des magasins, des marchés, des gares et des maisons individuelles. Celle-ci a été réalisée par Luís

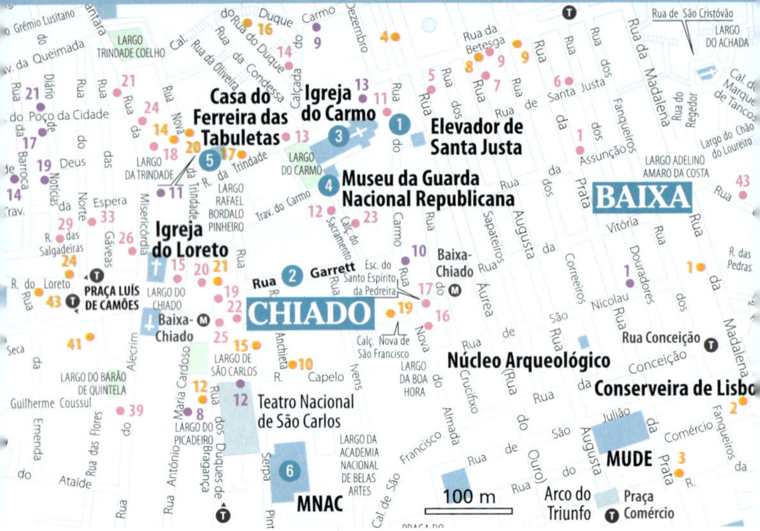

Museu Nacional de Arte Contemporânea do Chiado

Ferreira das Tabuletas, l'artiste le plus renommé de son temps. Les figures en trompe-l'œil évoquent les quatre éléments et les quatre saisons.

Largo Rafael Bordalo Pinheiro.

6 Museu Nacional de Arte Contemporânea do Chiado (MNAC)✦✦

Du romantique Francisco Metrass (XIXe s.) à la nouvelle figuration de Paula Rego et Lourdes Castro, le **musée national d'Art contemporain** livre une belle rétrospective de l'art portugais de 1850 à 1975. L'ancien monastère, revisité par

Jean-Michel Wilmotte, expose aussi des sculptures (Rodin, Bourdelle...) et abrite des expositions d'art contemporain. Petit café dans la cour.

Rua Serpa Pinto, 4 • ☏ 213 432 148 • www.museuartecontemporanea.pt • Mar.-dim. 10h-18h; fermé 1er janv., dim. de Pâques, 1er mai, 13 juin et 25 déc. • Entrée : 4,50 €.

Restos | Bars | Hôtels | Shopping | Activités

Restos Bistrots

Kaffeehaus

Café 10 Plan D4

Ce café viennois planté au cœur du Chiado propose une cuisine en continu : soupe du jour, salades, tartines garnies, strudel aux pommes, hamburger au speck et tzatziki, plateaux de fromages... Un rendez-vous bohème et un poil intello pour ceux qui aiment bouquiner autour d'un chocolat viennois ou siroter une bière artisanale portugaise.

Rua Anchieta, 3, M° Baixa-Chiado • ☏ 210 956 828 • www.kaffeehaus-lisboa.com • Lun.-mer. et dim. 11h30-16h (22h jeu.-sam.) • Plat : 11,90-13,90 €.

Pause bica : Pessoa

Ce café est situé au cœur du quartier natal du poète Fernando Pessoa (p. 146), qui a d'ailleurs sa statue sur la terrasse. Jusque dans les années 1950, écrivains et artistes s'y retrouvaient, avant que les opposants au régime de Salazar ne les remplacent dans les années 1960. Il reste aujourd'hui encore le rendez-vous privilégié des artistes et des habitants du quartier. Tout le charme d'un intérieur Art nouveau et d'une ambiance animée !

21 Plan D4 • *A Brasileira • Rua Garett, 120-122 • ☏ 213 469 541 • T.l.j. 8h-23h.*

Kaffeehaus

Café No Chiado

Café restaurant

12 Plan D4

Une jolie terrasse ombragée de grands arbres baignant dans une atmosphère très XIXe s., tel est l'atout de cet élégant restaurant qui surplombe la place de l'opéra de Lisbonne. Plutôt que d'y dîner, on vous recommande de vous y arrêter pour boire un verre ou un petit expresso (1,20 €) en journée afin de profiter du cadre très agréable.

Largo do Picadeiro, 10-12, M° Baixa-Chiado • 213 460 501 • www.cafenochiado.com • T.l.j. 10h-minuit • Plancha de fromages : env. 15 €.

Cervejaria Trindade

Portugais

14 Plan D4

Dans le brouhaha de cette immense brasserie historique ouverte depuis 1836 (l'une des premières de Lisbonne), la cuisine portugaise traditionnelle est à l'honneur : poissons, fruits de mer, viandes et sandwichs au bon rapport qualité/prix. Le lieu ne manquera pas de vous étonner puisqu'il s'agit du réfectoire d'un couvent, entièrement décoré d'azulejos anciens.

Rua Nova da Trindade, 20C, M° Baixa-Chiado • 213 423 506 • www.cervejariatrindade.pt • Lun.-jeu. 12h-minuit, ven.-dim. 12h-1h • Plat : 12-36 €.

Belcanto

Portugais moderne

15 Plan D4

Ce classique du Chiado des années 1950 a trouvé un second souffle depuis que le talentueux chef José Avillez y a posé ses casseroles. Le jeune cuisinier étoilé et chéri des médias y revisite la gastronomie portugaise avec audace et une grande maîtrise technique, flirtant avec la cuisine moléculaire. Côté salle, ambiance intimiste et décontractée en compagnie de la bourgeoisie locale. L'une des meilleures tables de Lisbonne.

Largo de São Carlos, 10, M° Baixa-Chiado • 213 420 607 • www.belcanto.pt • Mar.-sam. 12h30-15h30 et 19h-21h • Menu : 165-300 €, plat : env. 50 € • Résa conseillée.

La façade d'azulejos de la casa do Ferreira das Tabuletas

Buenos Aires

Argentin 16 Plan D4

Quelques tables dressées à l'extérieur, une vue plongeante sur la Baixa, et à l'intérieur, des boiseries, du mobilier années 1920 et une déco inspirée du fado et du tango. Dans les assiettes, de grosses tartines, des pâtes fraîches, de la viande d'Argentine, du poisson grillé, des feuilletés d'aubergine… En dessert, le caramel maison sur le fondant au chocolat est succulent.

Calçada do Duque, 31B, M° Rossio ou Restauradores • ☏ 213 420 739 • www.cafebuenosaires.pt • Lun.-sam. 18h-1h; sam.-dim. 12h-1h • Plat : 12-20 €; tartine : 10-15 € • Espèces slmt • Résa conseillée.

Aqui Há Peixe

Poissons et fruits de mer 17 Plan D4

« Ici il y a du poisson » proclame l'enseigne, et certainement pas celui des fermes d'élevage mais en provenance directe de l'océan. Fraîcheur et cuisson parfaite, c'est l'adresse incontournable du Chiado pour un repas iodé dans une ambiance décontractée. Pour les allergiques au poisson et aux fruits de mer, il y a une option *picanha* brésilienne. Seul bémol, l'incitation à la consommation, un peu pesante…

Rua da Trindade, 18A, M° Baixa-Chiado • ☏ 213 432 154 • www.aquihapeixe.pt • Mar.-ven. 12h-14h30 et 19h-22h, sam.-dim. 19h-23h • Plat : 18-40 €.

Organi Chiado

Végétarien 19

Ce joli restaurant 100 % végétarien présente une carte réduite de plats maison, garantie de fraîcheur. Produits du marché et jus de fruits du jour sont la règle. Vous aurez le choix entre une soupe, deux salades, des pâtes et trois plats renouvelés tous les jours. À l'écart des rues passantes, avec une petite terrasse située entre deux volées de marches, c'est un endroit tranquille où il fait bon prendre le temps. Certains employés parlent français.

Calçada Nova de São Francisco, 2 • ☏ 216 065 121 • www.organi.pt • Lun.-sam. 12h-15h30 et 19h-22h • Plats : environ 10 €.

Bairro do Avillez

Portugais moderne 20 Plan D4

Ce *bairro* (« quartier ») de 1 000 m², imaginé par le chef José Avillez, réunit une épicerie, une taverne proposant petits plats sains, salades, fromages et charcuteries, un vaste patio lumineux où l'on sert poissons et fruits de mer et un cabaret gourmet (concerts et spectacles quelques soirs par semaine). Pour le joli décor et le bon rapport qualité-prix.

Rua Nova da Trindade, 18, M° Baixa-Chiado • ☏ 210 998 320 • www.bairrodoavillez.pt • Taberna : tlj 12h-minuit; Páteo : tlj 12h30-15h et 19h-minuit; mini bar : tlj 12h30-15h et 19h-minuit • plat : 25-40 €.

VOIR AUSSI P. 44 :

A Brasileiria 21 Plan D4

Bars, clubs Sorties

Mini Bar Teatro

Bar-resto 8 Plan D4

Le chef étoilé José Avillez a encore frappé dans le Chiado avec ce bar-restaurant logé dans le théâtre São Luiz. *Petiscos* inventifs (bonbons de foie gras), cocktails renversants d'originalité (margharita à la pomme verte et caïpirinha qui se mangent !), bières artisanales et playlist affûtée. De quoi passer une soirée mémorable !

Rua Nova Trindade M° Baixa-Chiado, tram 28E, arrêt Chiado • ☏ 211 305 393 • www.minibar.pt • T.l.j. 19h-1h • Cocktail : à partir de 6,50 €.

A Ginginha do Carmo

Bar 9 Plan D4

Assez rare pour être signalé, c'est une jeune femme qui officie au comptoir de ce bar à *ginja* nouvelle génération. Outre le traditionnel shot de liqueur de griottes servi dans un dé à coudre en plastique, on peut choisir l'option gourmande avec un verre en chocolat à croquer (1,85 €). Pas vraiment traditionnel mais qu'importe !

Calçada do Carmo, 37, M° Rossio • ☏ 211 911 898 • Dim.-mer. 12h-minuit, jeu. 12h-1h, ven.-sam. 12h-2h (18 h 24 déc.); f. 25 déc. • Liqueur : 1,45-1,85 €.

Entretanto

Bar 10 Plan E4

L'Entretanto est le bar situé au 7e étage de l'hôtel do Chiado. Au coucher du soleil ou la nuit, le lieu est magique : de la terrasse, vue panoramique… Le regard oscille entre l'elevador de Santa Justa, la cathédrale et le château de São Jorge… Bière pression ou, plus local, moscatel de la région de Setúbal.

Hotel do Chiado, rua Nova do Almada, 114, M° Baixa-Chiado • 213 256 100 • www.hoteldochiado.pt • T.l.j. 10h30-minuit • Bière : 5-8,50 €; vin au verre : 5-8 €.

O Purista Barbière

Bar-barbier 11 Plan D4

Ce qui était, à l'origine, une expérience est devenu réalité : un bar à bière doublé d'un barbier ! Jusqu'à minuit, ces messieurs peuvent se faire raser de près ou se payer une petite coupe entre deux pintes de blonde. DJ vendredi et samedi à partir de 23h.

Rua da Nova da Trindade, 16C, M° Baixa-Chiado • 916 442 744 • Mar.-jeu. 10h30-2h, ven.-sam. 10h30-3h, dim. 15h-minuit • Cocktails : 9-13 €.

O Purista Barbière

Teatro Nacional de São Carlos

Scène nationale

12 Plan D4

Inauguré en 1793, l'Opéra cache derrière sa sobre façade un décor exubérant qui rappelle la Scala de Milan. S'y produisent également l'Orchestre symphonique national et le chœur de São Carlos. Réservez longtemps à l'avance car la saison lyrique est courte et les billets vite vendus. Sinon, tentez votre chance au guichet le jour même.

Largo de São Carlos, M° Baixa-Chiado • ✆ 213 253 045/46 • www.tnsc.pt • Billetterie : lun.-ven. et j. de spectacle 13h-19h • Concert : 15-25 €; opéra : 20-65 € • Visites guidées (5 €) sur résa : visitas@saocarlos.pt.

Topo Chiado

Bar restaurant

13 Plan D4

Restaurant et bar branché en plein air, le Topo est recherché pour sa divine terrasse nichée au pied des ruines de l'igreja do Carmo et de l'elevador Santa Justa. Dans un cadre superbe, un espace lounge avec sofas et transats pour siroter des cocktails les pieds dans l'herbe, et une petite terrasse surélevée pour un repas léger avec vue imprenable sur le Castelo.

Terraços do Carmo ✆ 213 420 626 • dim.-jeu. 11h-minuit, ven.-sam. 11h-2h; cocktail : à partir de 9 €.

Hôtels B&B

Mercy 9 Hotel

Cet hôtel contemporain propose 47 chambres élégantes, certaines avec une belle vue sur le vieux Lisbonne et le Tage, et un bar en rooftop.

Rua da Misericórdia 76 (plan D4), M° Baixa-Chiado • ✆ 212 481 480 • www.9-hotel-mercy-lisbon.pt • 60-200 €; petit déjeuner : 17 €.

Shopping Cadeaux

Luvaria Ulisses

Gantier

11 Plan E4

Aucun doute, vous avez déniché la plus petite vitrine de Lisbonne. Ici, tout vous ira « comme un gant » ! Cuir souple, peau retournée, daim, dentelle, couleurs classiques ou tons à la mode, avec ou sans piqûres... des *luvas* (gants) pour toutes les occasions (à partir de 54 € pour un article en cuir). Posez votre main sur le coussin du comptoir et laissez-vous ganter comme on le fait ici depuis 1923... Attention, pas plus de deux personnes à la fois dans la boutique !

Rua do Carmo, 87A, M° Rossio • ✆ 213 420 295 • www.luvariaulisses.com • Lun.-sam. 10h-19h.

Lua de Champagne

Mode femme 12 Plan D4

Lua de Champagne propose des fringues aux couleurs pétillantes dans la tendance chic bohème. La ligne maison joue avec les paillettes ou les couleurs fluo pour une garde-robe pleine de bonne humeur (à partir de 30 €). Côté accessoires, les tentations sont multiples avec de ravissants bijoux fantaisie de créateurs portugais et de jolis pochettes.

Calçada do Sacramento, 17, M° Baixa-Chiado • ✆ 965 36 00 35 • Facebook : Lua de Champagne • Lun.-dim. 12h-20h.

Sapataria do Carmo

Chaussures 13 Plan D4

Fondée en 1904, cette boutique emblématique est l'une des plus vieilles de Lisbonne. On s'y fait chausser avec un petit plaisir nostalgique dans un charmant décor années 1950, entre banquettes de velours cramoisi et petits tiroirs à chaussures *old school.* Derbys et mocassins pour ces messieurs, escarpins ou bottes cavalières pour ces dames, tout est fait main au Portugal (de 110 à 280 €).

La deuxième boutique, au n° 27, Shoes You, propose des modèles plus *casual.*

Largo do Carmo, 26, M° Baixa-Chiado • ✆ 213 423 386 • www.sapatariadocarmo.com • Lun.-sam. 10h-14h et 15h-19h.

Luvaria Ulisses

Ás de Espadas

Friperie 14 Plan D4

Pour les âmes rétro, cet antre vintage renferme une belle sélection de vêtements des années 1920 à 1990, à prix étonnamment doux. Petites robes façon Twiggy (autour de 35 €), escarpins glamour, foulards en soie et petits sacs en cuir irrésistibles, difficile de repartir les mains vides !

Il y a deux autres boutiques, au n°s 26, dédiée aux accessoires et au n° 59, dédiée aux hommes.

Calçada do Carmo, 42, M° Rossio • ✆ 916 789 199 • dim.-sam. 11h30-20h.

Vista Alegre

Arts de la table 15 Plan D4

Fondée en 1824 près d'Aveiro, petite ville au nord du Portugal, Vista Alegre est la plus réputée des fabriques de porcelaine portugaise. La boutique présente des lignes classiques ainsi que de jolis modèles modernes, dont les fantaisies de Bordalo Pinheiro (petite grenouille 5-13,50 €), à des prix beaucoup plus abordables que le Limoges !

Largo do Chiado, 20-23, M° Baixa-Chiado • ☏ 213 461 401 • www.vistaalegreatlantis.com • T.l.j. 10h-20h.

Livraria Ferin

Librairie 16 Plan E4

Outre les nombreux ouvrages en français sur les grands personnages historiques, vous trouverez les incontournables de la littérature lusophone traduits dans la langue de Molière : Antunes, Pessoa, Saramago, Miguel Sousa Tavares... L'occasion de repartir avec *Les Lusiades* de Camões.

Rua Nova do Almada, 70-74, M° Baixa-Chiado ou Rossio • ☏ 213 424 422 • http://www.ferin.pt • Lun.-sam. 10h-19h.

Louie Louie

Musique 17 Plan E4

Puristes du vinyle et amateurs de musique indé vont aimer fouiner dans les bacs de ce magasin de disques du Chiado. Rock, pop, électro mais aussi musique portugaise, funk, disco et bossa brésilienne constituent la manne principale de ce joli stock de vinyles (à partir de 5 €). Platines à disposition pour faire son choix.

Escadinhas do Santo Espírito da Pedreira, 3 (par la rua Nova do Almada), M° Baixa-Chiado • ☏ 213 472 232 ou • www.louielouie.biz • Lun.-sam. 11h-19h30, dim. et j.f. 15h-19h30.

O Mundo do Livro

Gravures 18 Plan D4

C'est la meilleure adresse de Lisbonne pour les gravures en tout genre. Rodrigues Pires est un expert que l'on vient consulter des quatre coins du monde. Trois étages de gravures originales : XVIe, XVIIe et XVIIIe s. sur tous les thèmes possibles et imaginables, et une gamme de prix très étendue (de 2000 à 5000 €).

Largo da Trindade, 11-12, M° Baixa-Chiado, bus 202 ou 758, arrêt Largo Trindade Coelho • ☏ 213 469 951 • Facebook : O Mundo do Livro (Chiado) • Lun.-ven. 10h-18h30 (sam. 19h).

Fabrica Features

Souvenirs et cadeaux 19 Plan D4

Perché au 4e étage du magasin Benetton, Fabrica est le showroom branché des jeunes designers portugais. Vaisselle design, carnets aux couvertures funky (autour de 6 €), sacs en toile imprimée, stickers, céramique futuriste, livres... tout est chouette. À voir, le vieil ascenseur au même étage, relique de l'ancien magasin. Magnifique !

Fabrica Features

Rua Garrett, 83, M° Baixa-Chiado • ✆ 213 420 596 • www.fabricafeatures.com • Lun.-sam. 10h-20h, dim. et j.f. 11h-19h.

Casa Havaneza

Tabac

20 Plan D4

L'adresse est mythique et citée dans tous les romans d'Eça de Queirós ! C'est que le premier bureau de tabac du Portugal, ouvert en 1864, a vu défiler toute l'élite intellectuelle et politique du XIXe s. et du début du XXe s. Son décor de bois tout en lignes courbes, réalisé dans les années 1960 par Carvalho, est superbe. Ancien fournisseur officiel de la famille royale, la maison est spécialisée dans le cigare cubain (de 6,20 € à 41,35 € l'unité) et propose tous les accessoires du fumeur.

Largo do Chiado, 25, M° Baixa-Chiado • ✆ 213 420 340 • www.casahavaneza.pai.pt • T.l.j. 10h-19h.

Claus Porto

Savons

21 Plan D4

La célèbre maison de parfums fondée à Porto en 1887 a ouvert une magnifique boutique à Lisbonne. Outre les fragrances créées à partir de la flore portugaise, Claus Porto est réputé pour ses savons de luxe aux sublimes emballages Art Nouveau et Art déco (à partir de 8 € le savon de 50 g). La collection pour homme est tout aussi mythique : pas une maison portugaise qui ne possède une eau de Cologne ou un savon Musgo Real.

Rua da Misericórdia, 135 • ✆ 917 215 855 • clausporto.com • Tlj 10h-20h (dim. et j.f. 19h).

Burel

Mode et déco

22 Plan D4

Pure laine vierge tissée, bouillie et battue, le burel était le tissu traditionnel des capes de berger de la serra da Estrela. Un couple de Lisboètes a eu la bonne idée de relancer une fabrique de burel et d'associer ce savoir-faire ancestral à un design contemporain. Résultat, de superbes manteaux, chemises, capes, vestes, écharpes (à partir de 33 €), sacs, chaussures, couvertures, meubles, objets déco et peluches.

Rua Serpa Pinto, 15B • ☎ 212 456 910 • www.burelfactory.com • Lun.-sam. 10h30-19h30.

The Feeting Room

Mode 23 Plan D4

Ce vaste concept-store au design industriel a transformé cette ancienne boulangerie du Chiado en vitrine pointue des créateurs indépendants, en grande majorité portugais. On trouve au rayon chaussures le meilleur du *made in Portuga*l (de 65 à 450 €) et des articles de mode et *lifestyle* pour homme et femme tout aussi branchés. Un petit café invite à s'attarder.

Calçada do Sacramento, 26 • ☎ 212 464 700 • www.thefeetingroom.com • Mar.-sam. 11h-20h (21h ven.-sam.), dim. 12h-20h.

Equador

Chocolatier 24 Plan D4

De la plantation de cacao au joli packaging rétro imprimé à la main, ce chocolatier artisanal et 100 % portugais maîtrise tout le processus de transformation de ses tablettes de chocolat (7-10 €), truffes, bonbons et sucettes. Mariages fruités, acidulés ou couleur locale avec du chocolat au porto, au vin de Madère ou à la *ginja.*

Rua da Prata 97 • ☎ 225 370 573 • www.cacaoequador.pt • Lun.-sam. 11h-19h.

Barbearia Campos

Barbier 25 Plan D4

Boiseries, comptoir en marbre, fauteuils rétro, lampes à gaz, fer à friser les moustaches et vieux flacons d'élixirs… Vous êtes chez le plus vieux barbier d'Europe, où le temps semble s'être arrêté à la Belle Époque. Tenu par la même famille depuis 1886, on s'y fait raser de très près sur les traces des écrivains Eça de Queirós, Fernando Pessoa et du roi d'Italie Umberto II. Une expérience… historique !

Largo do Chiado, 4 • ☎ 213 428 476 • Lun.-sam. 9h-19h • Rasage à lancienne 10 €, coupe 14,50 €.

A Carioca

Thé café 26 Plan D4

Ouverte en 1936, la boutique est un petit bijou Art déco resté intact avec ses miroirs, ses vitrines et ses vieilles machines à café.

À Carioca propose dix variétés de café torréfié sur place, dont le très aromatique São Tomé (6,50 € les 250 g), et cinq mélanges maison comme l'excellent Rubi (3,50 € les 250 g). Parmi la cinquantaine de thés, on trouvera le fameux thé des Açores Gorreana et des chocolats pour accompagner son *bica.*

Rua da Misericórdia, 9, M° Baixa-Chiado • Lun.-ven. 9h-19h, sam. 9h-13h.

NOTRE TOP MODE & ACCESSOIRES

Trésors vintage, classiques indémodables, tradition revisitée par de jeunes créateurs ou stylisme d'avant-garde... De la petite échoppe rétro au concept-store design, Lisbonne satisfait tous les goûts côté mode.

Luvaria Ulisses

Une fabuleuse microboutique spécialisée dans les gants en cuir : une impressionnante déclinaison de styles!

Voir p. 42, quartier Le Chiado.

Burel

D'irrésistibles manteaux, sacs et accessoires en burel ou la rencontre d'un tissu traditionnel de la montagne avec le design du XXIe s.

Voir p. 42, quartier Le Chiado.

The Feeting Room

L'antre lisboète de la mode pointue et branchée avec toute une palette de créateurs portugais indépendants.

Voir p. 42, quartier Le Chiado.

A Outra Face da Lua

Une mine de robes et de petits sacs vintage (années 1960-1990), et tous les petits accessoires rétro qui vont avec.

Voir p. 20, quartier La Baixa.

Sapataria do Carmo

Dans cette adorable boutique aussi grande qu'une boîte à chaussures, on se chausse 100 % portugais avec des modèles fabriqués à la main, aussi beaux qu'intemporels.

Voir p. 42, quartier Le Chiado.

Sapataria do Carmo

LE BAIRRO ALTO ET L'IGREJA DE SÃO ROQUE 4

Fief des artistes et de l'avant-garde intellectuelle dans les années 1980, la « ville haute » a des airs de village paisible, avec ses maisonnettes colorées perchées sur la colline de São Roque. Vers midi, boutiques de créateurs et de mode vintage s'éveillent rua do Norte et rua da Rosa. La nuit, les ruelles piquetées de bars minuscules, de restaurants et de casa de fado attirent des hordes de fêtards qui trinquent sur le pavé.

Rua da Trindade

1 Praça Luís de Camões✦

On passe et repasse sur cette place prise dans le flot des tramways et d'une circulation dense. Au centre s'élève la statue de Luís de Camões (1524 ou 1525-1580), le célèbre auteur des *Lusiades*, l'épopée nationale du Portugal. Retournez-vous pour profiter du bel angle de vue sur les profils des églises **do Loreto** et **da Encarnação**, à l'est.

2 Igreja e Museu de São Roque✦✦✦

Ne vous fiez pas à sa façade sévère, car cette église est sans aucun doute l'une des plus belles de la ville. L'opulent décor (XVIe-XVIIIe s.) de l'église Saint-Roch, fondée par les Jésuites au XVIe s., est composé de sculptures, de mobilier en bois précieux du Brésil, d'une étonnante collection de reliques du XVIe et de peintures de l'école de Zurbarán et de Vieira de Lusitano. Il faut croire que rien n'était assez luxueux pour l'extravagant roi João V, qui commanda en 1740 la précieuse **capela São João Batista**, œuvre d'art unique au monde. Le musée dévoile aussi, dans ses dépendances, une collection d'**art sacré**.

La capela São João Batista

Miraculeusement épargnée par le séisme de 1755, la chapelle Saint-Jean-Baptiste (4e chapelle à g.), conçue par les architectes italiens Luigi Vanvitelli et Nicola Salvi, fut construite à Rome entre 1742 et 1750 puis acheminée à Lisbonne par bateau. Il fallut ensuite une année entière pour en assembler les éléments. Plafond en trompe l'œil, peintures, azulejos et étranges reliquaires en font un pur chef-d'œuvre du baroque italien. Mêlant les styles néoclassique et rocaille, la chapelle est d'un faste inégalable, tout enjolivée d'or, de bronze et de matériaux précieux : angelots en marbre de Carrare, colonnes en lapis-lazuli, incrustations d'ivoire et d'améthyste, mosaïques...

Praça Luís de Camões

Largo Trindade Coelho. **Église :** *☏ 213 235 000 • mar.-dim. 10h-18h • Entrée libre.* **Musée :** *☏ 213 235 444 • http://mais.scml.pt/museu-saoroque • Mêmes horaires que l'église; f. 1er janv., dim. de Pâques, 1er mai et 25 déc. • Entrée : 2,50 €, libre le dimanche jusqu'à 14h • Visites guidées gratuites (appeler avant pour vérifier les horaires des visites en français).*

3 Galeria de Arte Urbana✦

En 2012, la mairie de Lisbonne décidait d'ouvrir son premier

Pause gourmande : Manteigaria

Plus besoin d'aller à Belém pour découvrir les secrets de fabrication des *pastéis de nata* ! Dans cette ancienne laiterie, une vitrine permet d'observer les pâtissiers à l'œuvre. De quoi éveiller la gourmandise et succomber aux croustillants petits flans, debout au comptoir ou à emporter.

24 Plan D4 • *Praça Luís de Camões (rua do Loreto, 2) • ☏ 213 471 492 • T.l.j. 21h-minuit (23h ven.-dim)*

musée de street art à ciel ouvert. C'est ainsi qu'elle installa, dans cette rue en pente desservie par l'ascensor da Glória, plusieurs panneaux destinés à recevoir les œuvres de graffeurs emblématiques de la ville. Inutile de préciser que ces œuvres changent souvent, voire très souvent… Sur la gauche, à mi-chemin, une placette est couverte de panneaux, dont une partie est réservée aux graffeurs moins expérimentés souhaitant se faire la main… Tenté ?

Calçada da Glória.

4 Miradouro de São Pedro de Alcântara✦✦✦

Ce belvédère offre l'un des plus beaux points de vue sur Lisbonne. Pour y grimper, utilisez l'ascensor da Glória (voir p. 181), qui relie l'avenida da Liberdade au Bairro Alto. En fin d'après-midi, la lumière dorée illumine les vieilles pierres du château et les tours de la cathédrale. Un ravissant jardin à la française se niche en contrebas. Le petit kiosque est pris d'assaut pour l'apéro !

Rua de São Pedro de Alcântara.

5 Convento de São pedro de Alcântara**

Construite en 1681, l'église de cet ancien couvent franciscain a été remaniée à la suite du tremblement de terre de 1755. Outre de magnifiques panneaux d'**azulejos** baroques relatant la vie de São Pedro de Alcântara et un **plafond peint** en trompe l'œil par le Français Pierre Bordes (1878), elle abrite la somptueuse **capela dos Lencastres,** tout en marqueterie de marbre.

Rua de São Pedro de Alcântara, 85 • ☎ 213 243 930 • Lun. 14h-19h, mar.-dim. 10h-19h (20h jeu.) • Visite guidée en français : ven. 11h30 (2,50 €) • Entrée libre.

Restos Bistrots

Rosa da Rua

Buffet portugais 22 Plan D3

Quand le buffet se la joue chic, cela donne Rosa da Rua, un restaurant chaleureux baignéede musique jazzy. On se sert à volonté de salades, de viandes et de poissons accompagnés de riz, de pâtes ou de légumes. Rapport qualité/prix imbattable pour le quartier !

Rua da Rosa, 265, bus 202 ou 758, arrêt São Pedro de Alcântara • ☎ 213 432 195 • www.rosadarua.pt • Lun.-sam. 12h30-15h30 et 19h30-23h, mer. et sam. le midi seul. • Plats env. 17 €.

Rosa da Rua

100 Maneiras

Gastronomique 23 Plan D3

De la grande cuisine à prix abordable ! Le menu dégustation est renouvellé chaque saison en fonction des produits du marché. Une deuxième adresse, version bistrot : largo da Trindade, 9 (plan D4), t.l.j. 12h-2h (cuisine jusqu'à minuit).

Rua do Teixeira, 39, bus 202 ou 758, arrêt Ascensor da Glória • ☎ 910 918 181 • www.100maneiras.com • Jeu.-lun. 19h-21h • Menu dégustation : 80-110 € • Résa conseillée.

Quelques spécialités

Parmi les grands classiques de la cuisine portugaise, on trouve le *bife à portuguesa* (steak au porto), le *porco à alentajana* (porc aux palourdes), l'*arroz de mariscos* (riz aux fruits de mer), le *cozido à portuguesa* (pot-au-feu), la *feijoada* (haricots rouges ou blancs accompagnés de *chouriço*) ou l'*açorda de marisco* (purée de poisson). Goûtez aux soupes comme le *caldo verde* (soupe aux choux et *chouriço*) ou la *caldeirada* (soupe du pêcheur). Et puis régalez-vous d'une ribambelle de fruits de mer et poissons grillés ou rôtis, fraîchement pêchés dans l'Atlantique ! Les amateurs de viandes préféreront peut-être un *frango* (poulet) grillé à la braise dans une *churrasqueira*.

VOIR AUSSI P. 57 :

Manteigaria 24 Plan D4

Bars, clubs Sorties

Galeria Zé dos Bois

Concerts 14 Plan D4

Plus connu sous le nom de ZDB (Zêdêbê), ce bastion culturel installé dans l'ancien palais de la baronne de Almeida est l'un des lieux les plus palpitants du Bairro Alto. Sa programmation éclectique balaie tout le champ des arts alternatifs : concerts de musique électro, rock, jazz et hip-hop, DJ sets, expositions, théâtre, danse… Deux bars dont un en terrasse pour boire un verre dans ce haut lieu d'avant-garde culturelle.

Rua da Barroca, 59, M° Baixa-Chiado • ☎ 213 430 205 • Lun.-sam. 18h-minuit; expos : lun.-sam. 18h-22h • Concerts : 5-10 €; expos : 3 €.

Mascote da Atalaia

Fado 15 Plan D4

Haut lieu du fado dans les années 1950, ce restaurant grand comme un mouchoir de poche a renoué avec sa vocation d'origine et propose des dîners-concert dans une ambiance décontractée. La cuisine est sans prétention mais la proximité avec les artistes promet de passer un bon moment.

The Old Pharmacy

Rua da Atalaia, 13, M° Baixa-Chiado • ☎ 211 983 973 • Mar.-dim. 18h-2h • Deux sessions dîner-fado à 19h et 21h : 25 €.

Majong

Bar à cocktails 16 Plan D4

Des lampes en chou-fleur, un comptoir en béton et des murs noirs décorés par des artistes locaux : le Majong plante un décor branché baigné de sons électro.

Au comptoir, plus d'une quarantaine de cocktails, dont un rafraîchissant primo basilico, sans oublier les classiques caïpirinha et mojito.

Rua da Atalaia, 3, M° Baixa-Chiado • ☎ 213 470 976 • Dim.-jeu. 18h-2h, ven.-sam. 18h-3h • Cocktail : 7-9 €.

Petiscos en tout genre

Pas de séjour à Lisbonne sans déguster ces délicieux petits plats si variés. Servis en hors-d'œuvre, c'est un peu l'équivalent des tapas espagnoles. Ils sont de plus en plus élaborés : curry de crevettes, *pastéis de bacalhau* (beignets de morue), *amêijoas à bulhão pato* (palourdes à l'huile d'olive, coriandre et ail), *croquetes de galinha* (croquettes de poulet), *pãezinhos de queijo* (petits soufflés au fromage), *saladinha de polvo* (salade de poulpe)… L'art de grignoter à la portugaise !

The Old Pharmacy

Bar à vins 17 Plan D4

Sans aucun doute, le bar à vins le plus cosy du Bairro avec son décor de pharmacie centenaire tout en vitrines lambrissées, son ambiance tamisée et intimiste, parfaite pour s'attarder les yeux dans les yeux autour de vins portugais, de *petiscos* et de plateaux de fromages et de charcuterie.

Rua do Diário de Notícias, 73-83, M° Baixa-Chiado • ☏ 920 230 989 • T.l.j. 17h30-minuit • Vin au verre : 3,50-15 €.

A Capela

Bar électro 18 Plan D4

La « chapelle » des sons électroniques ! Ce petit bar branché accueille tous les soirs des DJ (*eletrônica*, techno, dub…) dans un décor néobaroque avec ses meubles dépareillés et ses reproductions de tableaux de maîtres.

Rua da Atalaia, 45, M° Baixa-Chiado, tram 28E, arrêt Praça Luís de Camões • ☏ 213 470 072 • Dim.-jeu. 20h-2h, ven.-sam. 20h-3h • Bière : env. 2 €; cocktail : 5-8 €.

A Tasca do Chico

Fado 19 Plan D4

C'est l'une des adresses connues où viennent chanter les amateurs, les fameux *fados vadios*. Un endroit convivial, où l'on ne racole pas à l'entrée, qui distille aussi de la musique brésilienne. À l'inverse des établissements touristiques de l'Alfama, le spectacle est gratuit, on ne paie que sa consommation.

Rua do Diário de Notícias, 39, M° Baixa-Chiado • ☏ 965 059 670 • Tlj 20h-2h. Fado t.l.j., 2 sessions par soir • concerts gratuits.

Portas Largas

Musique live 20 Plan D4

Malgré sa « rusticité », le Portas Largas est l'un des bars phares du Bairro Alto. Les rendez-vous de début (et de fin) de soirée se prennent ici. Passé une certaine heure, la foule est aussi dense dehors que dedans. La musique inonde alors la rua da Atalaia où une troupe atypique et branchée discute et danse.

Rua da Atalaia, 105, M° Baixa-Chiado, tram 28E, arrêt Praça Luís de Camões • ☏ 213 466 379 •T.l.j. 18h-2h, ven.-sam. 19h-3h • Concert : musique brésilienne tous les soirs à partir de 20h (gratuit) • Bière 2,50-6 €; vin au verre : 2-3 €.

Páginas Tantas

Jazz bar, musique live 21 Plan D4

Ce bar jazz est un classique du Bairro Alto depuis plus de vingt ans. On aime l'ambiance décontractée et les concerts de jazz gratuits (jeu.-sam. à 22h).

Rua do Diário de Notícias, 85, M° Baixa-Chiado • ☏ 211 333 697 • Facebook : Páginas Tantas Jazz Bar • Mar.-jeu. et dim. 20h30-2h, ven.-sam. 20h30-3h • Bière : 2-5 €.

Hôtels B&B

The Independente

Ambiance vintage glamour pour cet *hostel* branché logé dans un ancien palais avec plafonds moulurés et parquets en marqueterie. Restaurant et bar en rooftop très courus.

Rua de São Pedro de Alcântara, 81 (plan D3) • ☏ 213 461 381 • https://theindependente.pt • Dortoir : env. 15-25 €; chambre : 100-200 €.

Anjo Azul

Un petit hôtel *gay friendly* niché dans une rue calme, à deux pas de l'animation nocturne du Bairro Alto. Chambres assez petites et toutes simples.

Rua Luz Soriano, 75 (plan D4), tram 28, arrêt Calhariz • ☏ 213 478 069 • www.anjoazul.com • 55-90 €, sans petit déjeuner.

Shopping Cadeaux

Rosa 78

Mode et accessoires 27 Plan D4

Dans cette boutique lilliputienne du Bairro Alto sont réunies les créations originales de jeunes stylistes portugais. Outre les vêtements, toute une ribambelle d'accessoires à faire craquer les âmes baba cool ou fleur bleue : bijoux en pâte à modeler, porte-monnaie en cuir, en plastique ou en feutrine et sacs improbables. Le tout à prix doux !

Rua da Rosa, 78, bus 202 ou 758, arrêt Largo Trindade Coelho • ☏ 968 219 213 • Lun.-sam. 12h-20h.

Oficina Marques

Déco 28 Plan D4

C'est un bric-à-brac savamment agencé, qui présente autant des pièces d'art imposantes que de petits bibelots à embarquer dans sa valise, à des prix très convenables. Du design, des tableaux, des statuettes un peu folles, du mobilier et des sculptures, avec une dominante : de la couleur, beaucoup de couleur. Un lieu pimpant, qui se visite comme un petit musée dans lequel on pourrait piocher.

Rua Luz Soriano 71, bus 202 ou 758, arrêt Largo Trindade Coelho • ☏ 912 908 655 ou 213 470 003 • www.oficinamarques.com • Mer.-ven. 10h30-18h30 (sam. 13h-19h30).

Cork & Co

Déco 29 Plan D4

C'est étonnant de voir tout ce que l'on peut faire avec du liège. Outre les bijoux (à partir de 15 €), les sacs et les écharpes, le liège s'invite dans toute la maison et se la joue design : fauteuil, abat-jour, set de table, seau à champagne, vaisselle (mugs mixant céramique et liège, 7 €). Résistant à l'eau et à la chaleur, naturel et recyclable, le matériau emblématique du

Solar

Portugal s'inscrit très bien dans la tendance *eco-friendly* du moment.

Rua das Salgadeiras, 10, tram 28E, arrêt Praça Luís de Camões • ☏ 216 090 231 • www.corkandcompany.pt • Lun.-sam. 11h-19h, dim. 15h-17h.

Solar

Azulejos

30 Plan D3

Vous voulez un panorama de l'art de l'azulejo ? Cet antiquaire réputé propose un échantillon incroyable de carreaux du XVIe s. aux années 1930 : *figura avulsa*, frises bleu et jaune, *painéis*... De toutes tailles et pour toutes les bourses (à partir de 10 €). La boutique mérite le coup d'œil.

Rua Dom Pedro V, 70, bus 202 ou 758, arrêt São Pedro de Alcântara • ☏ 213 465 522 • www.solar.com.pt • Lun.-ven. 10h-13h et 14h-19h, sam. 10h-13h (f. sam. juil.-août).

Eldorado

Concept-store

33 Plan D4

Robes *girly* et décalées de jeunes créateurs ou de marques confidentielles, fringues vintage, bijoux en plastique, chaussures, sacs, ceintures et accessoires en pagaille s'entassent dans ce concept-store bien connu du Bairro. On y déniche aussi jouets rétro, bibelots kitsch et vieux vinyles.

Rua do Norte, 36, M° Baixa-Chiado • ☏ 964 792 275 • Lun.-sam. 14h-minuit, fermé j.f.

TOP DES MIRADOUROS

Lisbonne se savoure des yeux depuis les pentes de ses sept collines, où s'accrochent des belvédères. Voici les meilleurs spots pour profiter des plus beaux panoramas, de jour comme de nuit :

Miradouro de São Pedro de Alcântara

Dans le Bairro Alto, un long belvédère romantique pour un tête à tête avec le castelo São Jorge. *Voir p. 58.*

Miradouro de Santa Catarina

Le point de chute de la jeunesse bohème au coucher du soleil. Un petit belvédère où le regard se noie dans le Tage, le Cristo Rei et le pont du 25-Avril. *Voir p. 80.*

Miradouro de Santa Luzia

Un petit balcon avec sa pergola fleurie pour se pencher sur le Tage et les toits de l'Alfama. *Voir p. 91.*

Miradouro das Portas do Sol

Plan large sur les ruelles labyrinthiques de l'Alfama, le monastère Saint-Vincent et l'immense coupole du panthéon national. *Voir p. 89.*

Miradouro da Graça

À l'ombre des pins, la plus belle vue de Lisbonne embrasse le castelo, le Tage, la ville basse, le Chiado et la Mouraria. Sublime au coucher du soleil… *Voir p. 105.*

Miradouro da Senhora do Monte

Le plus haut et le plus secret des belvédères lisboètes se mérite, mais à l'arrivée : Lisbonne est à vos pieds. *Voir p. 105.*

Miradouro da São Pedro de Alcântara

DE PRÍNCIPE REAL À SÃO BENTO

5

La rua Dom Pedro V est la porte de Príncipe Real, l'un des quartiers les plus cool de Lisbonne, prisé pour son ambiance cosmopolite et branchée, où les vieux palais investis par des concept-stores pointus côtoient galeries d'art, bars « gays friendly » et restaurants trendy. Au sud de la délicieuse praça das Flores, São Bento cultive sa différence. Le quartier, où est née la chanteuse Amália Rodrigues, est aujourd'hui le paradis des artisans et des antiquaires.

Praça das Flores

1 Rua dom Pedro V✦✦

L'avant-garde du stylisme lisboète s'affiche dans ce petit bout de rue et cohabite avec de vénérables antiquaires qui empilent depuis des lustres les trésors du passé portugais.

2 Praça do Príncipe Real✦✦

La place n'a guère changé depuis la fin du XIXe s., avec ses terrasses ombragées, son kiosque et son gigantesque ***Cupressus lusitanica***, l'arbre le plus large d'Europe (25 m d'envergure). Admirez les façades des palais, aujourd'hui occupés par des associations et des ministères, et profitez du petit **marché** bio le samedi matin. Au cœur du parc, le **reservatório da Patriarcal**, un réservoir d'eau souterrain du XIXe s., offre une fraîcheur bienvenue quand la chaleur est écrasante (✆ 218 100 215, sam. 10h-17h30, entrée : 1 €).

3 Embaixada✦✦✦

Abandonné pendant des décennies, ce superbe palais néomauresque du XIXe s. s'est métamorphosé en concept-store ultra-tendance. Entre fresques Art nouveau voluptueuses, lustres clinquants et moulures, les boutiques font la part belle à la création portugaise tradi ou innovante : mode, déco, artisanat, gastronomie... Outre les expos d'art, le patio mauresque abrite le bar restaurant **Gin Lovers**. Au sous-sol, le restaurant Atalho Real (p. 73), à la magnifique terrasse, fait le bonheur des carnivores. Un lieu unique.

Praça do Príncipe Real, 26 • ☎ 965 309 154 • www.embaixadalx.pt • Lun.-sam. 12h-20h, dim. 11h-19h.

4 Convento dos Cardaes✦✦

Les sœurs dominicaines ont ouvert au public une partie du couvent, à l'origine propriété des carmélites. Dans l'**église** du XVIIe s., les murs d'azulejos illustrent la vie de sainte Thérèse d'Ávila. Admirez l'autel, les têtes d'angelots sculptées, et la marqueterie de marbre au sol, typiquement baroque. En vente à la **boutique**, confiture de tomates ou gelée de piment fabriquées par les sœurs.

Rua do Século, 123 • ☎ 213 427 525 • Lun.-sam. 14h30-17h30 (f. août) • Entrée : 5 €.

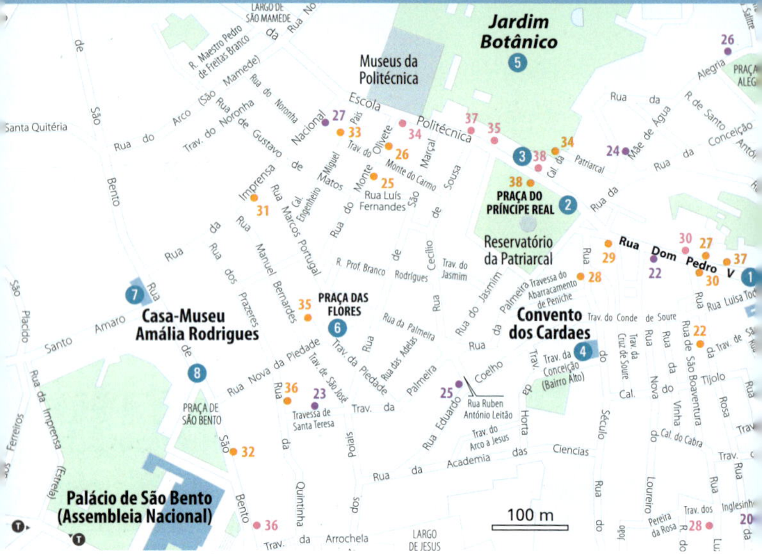

5 Jardim Botânico✦

Le **Jardin botanique** de la faculté des sciences, fondé en 1873, invite à la flânerie autour de palmiers du monde entier, d'un *ginkgo biloba*, d'euphorbes, de géraniums de Madère, de lilas ou de tamaris. Un endroit à l'atmosphère délicate et surannée, due en partie à la présence de l'ancien observatoire (XIXe s.).

Rua da Escola Politécnica, 58 • ☎ 213 921 800 • www.museus.ulisboa.pt • T.l.j. 10h-17h (f. Noë et 1er janv) • Entrée : 3 €.

6 Praça das Flores✦✦

Laissez la pente vous guider et descendez la rue de São Marçal, vous ne serez pas déçu du voyage ! Vous voici sur l'une des places les plus dépaysantes de Lisbonne. Vous vous croirez soudain dans un petit village paisible où le temps s'est arrêté : on prend le frais assis sur les bancs, on lit son journal, on regarde la fontaine en écoutant les rires des enfants. Et si l'humeur vous en dit, vous pourrez également y manger.

7 Casa-Museu Amália Rodrigues✦✦

La reine du fado (1920-1999) a commencé sa carrière à l'âge de 15 ans, avant de faire le tour du monde. Cette maison a été la sienne pendant plus de

Jardin botanique

quarante ans, d'où une visite teintée d'émotion. Mobilier, bijoux, robes de scène, objets personnels, piano... rien ne semble avoir changé de place.

Rua de São Bento, 191-193 • ☏ 213 971 896 • www.amaliarodrigues.pt • mar.-sam. 10h-18h (dernière entrée 17h15) • Visite guidée obligatoire (40 min) • Entrée : 7 €.

8 Rua de São Bento✦✦

Cette longue rue en pente mène du largo do Rato au palácio de São Bento, siège de l'Assemblée nationale, à l'imposante façade néoclassique. Prenez le temps de la parcourir afin de profiter de ses brocanteurs, antiquaires et ateliers d'artisans. Pour le plaisir des yeux, poussez la porte de **Ricardo Hogan**, au nº 281.

Pause sous les arbres : Esplanada do Príncipe Real

Niché dans la verdure de la praça do Príncipe Real, ce petit chalet rétro invite à la pause à toute heure de la journée. Sous la jolie verrière pavée de *calçada portuguesa* ou sur la terrasse ombragée, on peut y petit-déjeuner, grignoter une tartine ou des crostini, y dîner d'un risotto ou y siroter un cocktail en soirée.

38 Plan D3 • *Praça do Príncipe Real • ☏ 213 470 087 • Dim.-mer. 9h-minuit, jeu.-sam. 9h-2h • Crostini : 5-6 €; plat : 8-15 €.*

Restos Bistrots

Cabane

Végétarien et Vegan 25 Plan C3

Un ravissant café végétarien où Laure concocte petit déjeuner, brunchs, déjeuners, snacks sains et goûters avec des produits bio, frais et de saison : soupe, salade, quiche, sandwich, croque-monsieur, wrap, burger végétal et gâteaux vegan. Le café accueille des petites expos d'art tous les mois et recèle un coin épicerie.

Rua Monte Olivete, 20, M° Rato • ☎ 213 951 849 • Facebook : cabanelisboa • lun.-sam. 10h-17h • Brunch : env. 15 €; menu soupe + plat + limonade (en semaine) : 10 €.

Boubou's

Gastronomique 26 Plan C3

Au comptoir devant les fourneaux ou dans le joli patio ombragé d'un bananier, le Boubou's nous régale d'assiettes savoureuses mitonnées par la jeune chef française Louise Bourrat dans un cadre élégant et cosy. La cuisine est internationale, les produits sont portugais et la carte, de saison. Fado folk en live tous les dimanches à partir de 19h. La bonne surprise du quartier !

Rua Monte Olivete, 32A • ☎ 213 470 804 • www.boubous.com • T.l.j. sf mardi 18h-2h • Plat : 12-18 €.

Lost In

Café 27 Plan D3

À l'ombre des arbres, une terrasse tendance Bollywood surplombe la ville basse et ménage une belle vue sur le Castelo. Entre fresques murales, lanternes orientales et parasols multicolores, profitez de ce petit coin romantique et paisible pour siroter une limonade maison et grignoter quelques *petiscos* aux parfums d'Orient. Musique live dans le jardin le mercredi (19h-21h) quand il fait beau.

Rua Dom Pedro V, 56 (dans l'impasse en face de la rua da Rosa) • ☎ 917 759 282 • mer.-lun. 12h30-minuit • Petiscos : 10-15 €, plat : 20-30 € • Espèces slmt.

Mercearia do Século

Portugais 28 Plan C3

Poussez la porte de cet adorable restaurant de poche. Seulement quelques tables pour déguster de bons petits plats portugais avec une touche gourmet et une pointe d'originalité, mitonnés avec amour par Fernanda. D'appétissants gâteaux maison sous cloche font de l'œil aux gourmands.

Rua de O Século, 145, bus 702, 758 ou 773 arrêt Príncipe Real • ☎ 216 062 070 • Mar.-sam. 19h-23h30 • Plat du jour : env. 10 €.

A Cevicheria

Amérique du Sud 29 Plan C3

C'est un poulpe géant aux tentacules déployées qui vous accueille dans ce petit restaurant branché et animé. Spécialisé dans la cuisine sud-américaine et plus particulièrement les tapas péruviennes, l'établissement propose de rafraîchissants ceviches (poisson cru mariné dans du jus de citron) arrosés de pisco sour (11 €), un cocktail péruvien typique d'où provient probablement la bonne humeur qui règne ici !

Rua Dom Pedro V, 129, bus 202, 758 ou 773, arrêt Príncipe Real • ☎ 218 038 815 • Facebook : A Cevicheria • T.l.j. 12h-23h • Plat : 8,60-14,70 € ; menu dégustation (6 plats) : 43,80 €.

Pastelaria São Roque

Pâtisserie 30 Plan D3

Des mamies se régalent ici de *pastéis* (1 €), assises dans une rotonde début XXe s., entre colonnes de marbre, stucs dorés et azulejos… Un lieu attachant et populaire sans la prétention pincée des pâtisseries « historiques ». Idéal aussi pour un déjeuner léger.

Rua Dom Pedro V, 57, M° Restauradores, puis ascensor da Glória et bus 202 ou 758, arrêt São Pedro de Alcântara • ☎ 213 224 350 • T.l.j. 7h-19h.

Estrela Morena

Cap-verdien 31 Plan C3

Cette cantine cap-verdienne typique aligne une poignée de tables dans un décor sans chichi. Sous le regard des figures emblématiques de l'île, on goûte à des plats simples et roboratifs, notamment le traditionnel *cachupa de carne* (8,50 €), à base de millet, maïs, haricots rouges, porc et banane verte. Pour les palais sensibles, les épices sont judicieusement servies à côté !

Rue da Imprensa Nacional, 64B • ☏ 213 960 070 et 965 185 310 • Lun.-ven. 12h-15h et 19h-22h, sam.le soir seul. • Plat : 6,50-8,50 €.

Café de São Bento

Portugais 32 Plan C4

Sonnez à la porte et laissez-vous conduire à votre table par un serveur en nœud pap'. Ce restaurant est une véritable institution fréquentée par les politiciens et les journalistes. On y vient avant tout goûter ses steaks dans une ambiance feutrée.

Rua de São Bento, 212, tram 28E, arrêt Calçada da Estrela • ☏ 213 952 911 • www.cafesaobento.com • Lun.-ven. 12h30-14h30 et 19h-minuit, sam.-dim. 19h-minuit • Steak : 13,50-20 €.

Comida de Santo

Brésilien 33 Plan C3

Ce restaurant brésilien est idéal pour dîner en amoureux. Après la caïpirinha maison, tentez la *moqueca de peixe* ou de *camarão* (poisson ou crevettes au lait de coco) ou la *feijoada à brasileira* (14 €), le fameux plat à base de viande et de haricots noirs. Bonne humeur garantie.

Calçada Engenheiro Miguel Pais, 39, M° Rato, bus 202 ou 758, arrêt Rua da Escola Politécnica • ☏ 213 963 339 • www.comidadesanto.pt • Mer.-lun. 12h30-23h • Plat : 13-17 €.

Atalho Real

Viande 34 Plan C3

D'humeur carnassière ? Filez au sous-sol du palais Embaixada où se niche l'un des meilleurs restaurants de viande de Lisbonne. Soigneusement sélectionnées, ces pièces de bœuf grillées (*picanha* écossaise, bœuf à la new-yorkaise, filet...), sont proposées en plat ou en sandwich. L'idéal est de s'attabler dans le jardin pour profiter de la verdure en pleine ville.

Calçada da Patriarcal, 40, M° Rato • ☏ 213 460 311 • www.grupoatalho.pt • T.l.j. 12h-minuit • Burger et sandwich : 8-11 € ; plat : env. 15 €.

Pão de Canela

Bar-pâtisserie 35 Plan C3

Sur la jolie « place des Fleurs », les terrasses de ce restaurant-bar-*pastelaria* sont fréquentées par les Portugais et les touristes. À chaque jour son menu (omelettes, poissons grillés...), ses salades, sandwichs, fruits frais, oranges pressées... Le brunch du week-end est servi sur la terrasse voisine.

Praça das Flores, 25-29, bus 773, arrêt Praça das Flores • ☏ 213 972 220 • paodecanela.pt • T.l.j. 8h-23h • Plat : 10-20 € ; brunch (sam.-dim. et j.f. 10h-16h) : 18 €.

Tease Bakery

Salon de thé 36 Plan C3

Une bonne dose de cool, des cupcakes à tomber et des milk-shakes à siroter, voilà les ingrédients de ce salon de thé un brin hipster niché à l'écart des rues passantes. Un cocon paisible et aéré doublé d'une terrasse ombragée de platanes où l'on peut aussi déjeuner léger de quiches ou de salades.

Rua da Quintinha 70B • ☎ 215 962 773 • Facebook : Tease • T.l.j. 9h-19h.

La Paparrucha

Argentin et portugais 37 Plan D3

Avec ses spécialités de viandes grillées venant de Patagonie et son immense baie vitrée à la vue exceptionnelle, ce restaurant argentin est l'un des endroits les plus courus de la capitale. Buffet de mets portugais.

Rua Dom Pedro V, 18/20, M° Restauradores, puis ascensor da Glória et bus 758, arrêt São Pedro de Alcântara • ☎ 213 425 333 • www.lapaparrucha.com • T.l.j. 13h-23h• Menu midi : env. 25 €; buffet midi (lun.-ven. sf j.f.) : 14 €.

VOIR AUSSI P. 69 :

Esplana da Princípe Real 38 Plan C3

Bars, clubs Sorties

Pavilhão Chinês

Bar 22 Plan D3

Accueilli par des serveurs vieille école en gilet bleu et nœud pap', on croirait pénétrer dans le manoir d'un collectionneur fou. Le spectacle est total dans ce dédale de salles (l'une d'elle abrite des billards) surchargées d'antiquités, de lustres Art nouveau et de vitrines regorgeant de curiosités.

Rua Dom Pedro V, 89, bus 202 ou 758, arrêt Príncipe Real • ☎ 213 424 729 • Lun.-sam. 18h-2h, dim. 21h-2h • Cocktail : 9,50 €.

Foxtrot

Bar 23 Plan C3

Avec son décor Années folles, on a l'impression d'entrer dans un bar new-yorkais clandestin du temps de la Prohibition... C'est le rendez-vous des jeunes Lisboètes pour un cocktail à l'ancienne, enfoncé dans un fauteuil moelleux, une partie de billard dans la véranda ou une conversation animée au frais dans la cour.

Travessa de Santa Teresa, 28, bus 773, arrêt Praça das Flores • ☎ 213 952 697 • www.barfoxtrot.pt • Ven.-sam. 18h-3h, dim.-jeu. 18h-2h • Cocktail : 8-12 €.

Pavilhão Chinês

Chafariz do Vinho

Bar à vins 24 Plan C3

À l'écart des rues animées, ce bar à vins atypique se cache dans les locaux d'une ancien chafariz du XVIIIe s., ces réservoirs-fontaines qui fournissaient la ville en eau, que l'on débusque en remontant de la praça da Alegria vers le jardin de Príncipe Real. Carte de vins portugais exhaustive avec un large choix de vins au verre que l'on peut accompagner de *petiscos*, de charcuterie ou de fromages locaux.

Rua da Mãe de Água, praça da Alegria, M° Avenida, bus 202 ou 758, arrêt Príncipe Real • ☎ 213 422 079 • www.chafarizdovinho.com • Mar.-sam. 15h-23h • Verre de vin : 4-15 €.

Cinco Lounge

Bar à cocktails 25 Plan C3

Dans une petite rue cachée entre la praça das Flores et la rua do Século se trouvent les meilleurs cocktails de Lisbonne. Aux commandes de ce bar lounge à la façade vitrée ? Dave, un Anglais passé par Londres, Sydney et New York avant de concocter à Lisbonne sa carte de 80 cocktails.

Rua Ruben A. Leitão, 17A, bus 773, arrêt Rua da Palmeira • ☎ 213 424 033 • www.cincolounge.com • Mer.-dim. 17h-minuit • Cocktails : env. 10 € (6 € sans alcool).

Hot Clube de Portugal

Club de jazz 26 Plan D3

C'est l'un des plus vieux clubs de jazz d'Europe (1948) et l'un des plus célèbres. Le local d'origine, où s'est notamment produit Louis Armstrong, a été détruit dans un incendie et le club a rouvert à quelques pas, dans une version plus moderne. Vrais amateurs à la recherche de bon jazz, allez-y les yeux fermés !

Praça da Alegria, 48, M° Avenida • ☎ 213 460 305 • www.hcp.pt • Mar.-sam. 22h-2h • Jazz sessions : vers 22h30 • Entrée : 7,50-24 € ou gratuite selon programmation.

Trumps

Club 27 Plan C3

Le grand classique de la nuit gay lisboète depuis plus de vingt ans, connu notamment pour ses *dancefloors*, son décor changeant et ses shows de travestis. Hétéro *friendly*.

Rua da Imprensa Nacional, 104B, M° Rato, bus 202 ou 758, arrêt Rua da Escola Politécnica • ☎ 915 938 266 • www.trumps.pt • Jeu.-sam. et veilles de j.f. 23h45-6h • Entrée : 10 €.

Hôtels B&B

Casa de São Mamede

Petit hôtel à l'élégance classique dans une ancienne demeure de magistrat du XVIIIe s. Les 26 chambres sont très coquettes et l'accueil est familial et sympathique.

Rua da Escola Politécnica, 159 (plan C3), M° Rato • ☎ 213 963 166 • www.casadesaomamede.pt • 75-95 €, suite 120 €.

Shopping Cadeaux

Amélie au Théâtre

Mode femme et accessoires 34 Plan C3

Démesuré, décadent, clinquant ? Surtout libre et virevoltant ! Les vêtements, bijoux et accessoires

Chafariz do Vinho

vendus dans cette boutique ont tous été soigneusement sélectionnés par Amélia Antunes, une designer d'accessoires de mode renommée. Les styles, qui vont du pastel aux mélanges bigarrés, sont tour à tour romantiques ou exubérants. Cette boutique est un petit monde en soi, que toutes les amatrices d'accessoires apprécieront !

Rua da Escola Politécnica, 69, bus 202 ou 758, arrêt Rua da Escola Politécnica • ☎ 215 982 900 • Facebook : Loja « Amélie au Théâtre » • Lun.-sam. 10h30-20h, dim. 12h-20h • Robes autour de 150-600 €.

Real Slow Retail Concept Store

Concept-store

35 Plan C3

Un bien joli bazar urbain du XXIe s. qui réunit sous un même toit vêtements, accessoires, objets déco, jouets en bois et livres illustrés. Invitation au *slow shopping*, on papillonne avec plaisir d'un stand à l'autre, tous débordants de pièces séduisantes. Coup de cœur pour Loja Real, qui dessine sa propre ligne de vêtements pour les bambins et nous chausse avec des espadrilles (env. 25 €) *made in Portugal.*

Praça do Príncipe Real, 20, bus 202 ou 758, arrêt Príncipe Real • ☎ 218 223 756 • Facebook : Real Slow Retail Concept Store • T.l.j. 10h30-20h.

Cavalo de Pau

Déco

36 Plan C4

On adore cette boutique déco qui mêle vieux meubles industriels, objets anciens, œuvres d'art contemporain et

Amélie au Théâtre

artisanat portugais, africain et indien. Petit aperçu de ce mix étonnant et réussi : lampe années 1950, fauteuil de barbier, tapis africain, vieux jouets portugais, gros colliers marocains et casiers d'usine en métal. Petits bibelots à partir de 5 €.

Rua de São Bento, 164, tram 28E, bus 706 ou 727, arrêt Palácio de São Bento • ☎ 213 966 605 • www.cavalo depau.pt • Lun.-sam. 11h-19h.

Cavalo de Pau

Príncipe Real

Linge de maison 37 Plan C3

La dernière maison de Lisbonne où l'on brode encore à la main ! Fournisseur des maisons royales depuis presque un siècle, c'est l'adresse pour trouver l'authentique trousseau de grand-mère, sur les pas de Grace Kelly ou Jackie Kennedy : linge de maison (nappe avec 12 serviettes à partir de 29 €, draps de lit à partir de 59 €), napperons, chemises de nuit... Pour le fin du fin, les prix peuvent atteindre des sommets...

Rua da Escola Politécnica, 12-14, bus 202 ou 758, arrêt Rua da Escola Politécnica • ☎ 213 465 945 • www.principereal.com • Lun.-ven. 9h30-18h30, sam. jusqu'à 17h.

CAIS DO SODRÉ ET BICA

6

Le Cais (quai) do Sodré (prononcez « caïch dou sodré ») est le quartier mythique du vieux port de Lisbonne, celui des caravelles en partance pour des contrées inconnues. En retrait du Tage, les ruelles au passé sulfureux, hantées par le souvenir des marins et des femmes de petite vertu, sont désormais le nid de la *movida* lisboète. Plus haut, Bica, vieux quartier de pêcheurs, reste peu exploré mais attachant.

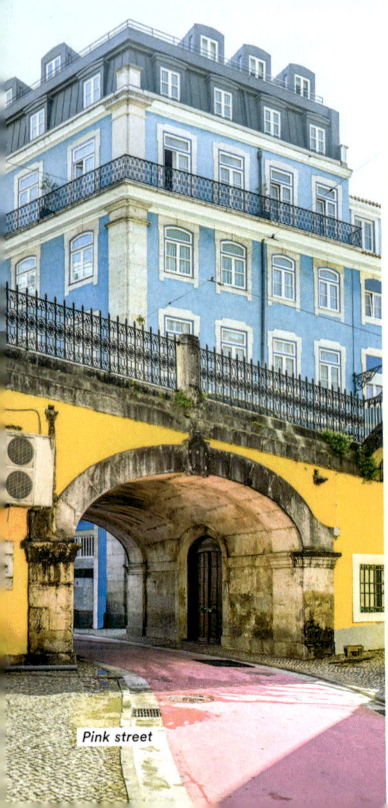

Pink street

1 Ribeira das Naus✦

Conservant son rôle de zone de transit, le Cais do Sodré a troqué ses caravelles contre une armada de tramways, trains et ferrys chargés de banlieusards. On s'échappe facilement de l'agitation qui règne autour de la gare en flânant sur le **passeio Ribeira das Naus,** promenade aménagée le long du Tage avec sa plage de pierre propice aux bains de soleil.

2 Pink Street✦✦✦

Les oiseaux de nuit s'enticheront du parfum décadent de la vieille cité portuaire le long de la **rua Nova do Carvalho,** où maisons closes et échoppes décaties se sont transformées en bars et clubs branchés. Ce petit bout de rue, dont le sol peint en rose lui a valu le surnom de Rua Cor-de-Rosa ou Pink Street, est devenu le haut lieu de la fête lisboète. Qui n'a pas goûté à l'effervescence nocturne de Pink Street ne connait pas Lisbonne !

3 Ascensor da Bica✦✦

Impossible de ne pas faire une halte devant l'icône du quartier. Le dernier-né des **funiculaires** lisboètes affronte la rue la plus pentue de la ville depuis 1892 et permet de relier le Cais do Sodré au Bairro Alto sur fond de maisons pastel et de vues sur le Tage. Il faudra en revanche user vos semelles pour arpenter de nuit la **rua da Bica de Duarte Belo** et son enfilade de bars, bien dissimulés en journée…

Rua da Bica de Duarte Belo • Montée : rua de São Paulo • Descente : largo de Calhariz • Lun.-sam. 7h-21h, dim. et j. f. 9h-21h • Billet : 3,80 € A/R.

Ascensor da Bica

Pause fooding : au mercado da Ribeira

Sous les grandes halles métalliques des années 1930, le vieux marché populaire de Ribeira voisine désormais avec le nouveau temple du *fooding* lisboète. Dans ce gigantesque *food hall* (Time Out Market) mijote le meilleur de la cuisine locale autour de grandes tables communes : cuisine de chef, *petiscos*, burgers gastronomiques, charcuterie portugaise, conserves de sardines, glaces… à piocher selon l'envie et à déguster sur place aux grandes tables ! Une pause chaleureuse.

45 Plan D5 • *Av. 24 de Julho • ☎ 213 951 274 • Food hall : t.l.j. 10h-23h; plat : env. 13 € • Marché alimentaire : lun.-sam. 6h-14h.*

❹ Miradouro de Santa Catarina do Adamastor✦✦

Du belvédère de Santa Catarina, on contemple les bateaux glissant sur la mer de Paille (nom donné à l'estuaire du Tage en raison des reflets mordorés du soleil sur ses eaux), le Cristo Rei et le pont du 25-Avril en toile de fond. Étudiants, musiciens et artistes fauchés squattent les pelouses autour de la **statue d'Adamastor**, un monstre mythologique tiré des *Lusiades* de Camões. Très agréable en journée, le lieu n'est pas recommandé à la nuit tombée.

❺ Museu da Farmácia✦

Vases égyptiens, fioles mésopotamiennes, pharmacie portative de 1840… Ici sont présentés 5 000 ans d'un vaste univers pharmacologique qui intéressera les connaisseurs mais également les enfants, car la reconstitution d'officines portugaises est plutôt réussie. Si après cela vous étiez atteint d'hypocondrie, faites-vous prescrire un régime de *petiscos* au bar-restaurant **Pharmacia** (p. 85).

Rua Marechal Saldanha, 1 • ☎ 213 400 688 • www.museodafarmacia.pt • T.l.j. 10h-19h, 24 et 31 déc. 10h-14h • Entrée : 6,50 €.

6 Igreja de Santa Catarina✦✦

L'église date de 1647, mais son décor est de 1727 : plafond rococo orné de dentelles de stuc, orgue monumental en bois finement sculpté, retables tout en dorures et panneaux peints par les meilleurs artistes de l'époque (Vieira Lusitano, André Gonçalves) composent un magnifique ensemble, typique du baroque portugais.

Calçada do Combro, 82 • ☎ 213 464 443 • T.l.j. 9h-12h30 et lun.-sam. 15h-17h30.

7 Caza das Vellas Loreto✦✦✦

Fondée le 14 juillet 1789 par les Sá Pereira, la **fabrique de bougies** Loreto est toujours dans la famille, qui travaille selon des secrets bien gardés. Moules et bougies sont faits à la main... Dans cette splendide boutique tout en bois, on craque pour les bougies brodées, une spécialité, ou les bougies flottantes.

Rua do Loreto, 53-55 • ☎ 213 425 387 • www.cazavellasloreto.com.pt • Lun.-ven. 10h-19h, sam. 10h-13h, f. j.f.

Caza das Vellas Loreto

Restos Bistrots

Estrela da Bica

Petiscos 39 Plan D4

Une adresse pas chère très prisée des jeunes Lisboètes. Entre murs carrelés bleu ciel et mobilier dépareillé, cette cantine bohème distille *petiscos* et petits plats d'ici et d'ailleurs à prix doux : brick de *alheira* (œuf et fanes de navet), tataki de saumon, falafel version portugaise, *arroz e feijão* (riz et haricots fumés, chorizo)… .

Travessa do Cabral, 33, tram 25E, arrêt Bica • ☎ 213 473 310 • Facebook : Estrela da Bica • T.l.j. 18h-minuit • Petiscos : 3,50-10 €

Pap'Açôrda

Portugais 40 Plan D5

Considéré comme l'une des meilleures tables de Lisbonne depuis les années 1980, le Pap'Açôrda fut l'un des premiers à apporter une touche contemporaine à la cuisine portugaise. Parmi les nombreux plats proposés, goûtez la spécialité : l'*açorda* (19-35 €), une sorte de soupe à base de pain, d'oignons, de coriandre, d'œufs et de fruits de mer ou de poisson. Délicieux !

Av. 24 de Julho, 49 (Mercado da Ribeira, 1er ét.), M° Cais do Sodré, tram 25E, arrêt rua de São Paulo • ☎ 213 464 811 • Facebook : Pap'Açôrda Mar.-jeu. et dim. 12h-minuit, ven.-sam. 12h-1h • Plat : 12-35 €.

A Taberna da Rua das Flores

Portugais 41 Plan D4

Cette taverne occupe les locaux d'une ancienne mercerie. Meubles de récup et carrelage rétro, limonade maison pour s'ouvrir l'appétit et, dans l'assiette, des recettes lisboètes oubliées, dénichées par le chef André Magalhães (salade de morue aux pois chiches à 8,50 €, *miomba*, un sandwich au porc…). Le soir, place aux *petiscos*, entre plats asiatiques et saveurs de la mer.

Rua das Flores, 103, M° Baixa-Chiado ou tram 28E, arrêt Praça Luís de Camões • ☎ 213 479 418 • Facebook : A Taberna da Rua das Flores • Lun.-sam. 12h-minuit • Plat : 8,50-13 €.

Ibo

Mozambicain et portugais 42 Plan D5

Installé dans un ancien entrepôt de sel, Ibo a les pieds dans l'eau. Une situation idéale et un décor épuré où l'on se laisse surprendre par les saveurs du Mozambique et des plats d'inspiration portugaise. Belle carte des vins.

Cais do Sodré, Armazém A, Loja 2, M° Cais do Sodré • ☎ 961 332 024 • www.ibo-restaurante.pt • Mar.-ven. 12h30-15h et

19h30-23h, sam. 12h30-15h30 et 19h30-1h, dim. 12h30-15h30 • Plat : 18-42 €.

Sea Me

Poissons et fruits de mer 43 Plan D4

Sea Me a inventé le concept de poissonnerie moderne. On peut y acheter le poisson du jour pêché sur la côte, à emporter ou à déguster sur place, préparé à la portugaise ou en sushi. Pour les mordus de cuisine iodée !

Rua do Loreto, 21, M° Baixa- Chiado • ☎ 213 461 564 • http://peixariamoderna.com • Lun.-ven. 19h30-23h (et jeu.-ven. 12h30-15h30), sam.- dim. 12h30-23h • Plat : à partir de 18 €.

Sala de Corte

Viande 44 Plan C5

Les meilleures viandes d'Irlande, d'Uruguay et d'Espagne sont cuites dans un four Josper à charbon de bois naturel sous l'œil expert du jeune chef Luís Gaspar. Une cuisson lente et maîtrisée pour un résultat savoureux ! Le jambon ibérique, les hamburgers et les croquettes ne sont pas mal non plus.

Praça Dom Louis I, 7, M° Cais do Sodré • ☎ 213 460 030 • www.saladecorte.pt • Lun.-ven. 12h-16h et 19h-minuit (1h ven.), sam.-dim. 12h-minuit • Viandes : à partir de 22 €, burgers : 17-21 €.

VOIR AUSSI P. 79 :

Mercado da Ribeira 45 Plan D5

Bars, clubs Sorties

Lounge

Club, musique live 28 Plan C-D5

Atmosphère cool dans ce bar club alternatif bien connu du quartier. Outre les DJ qui s'y produisent, on vient profiter des concerts gratuits de musique indé, pop ou rock distillés tout au long de l'année. Idéal pour faire des découvertes !

Rua da Moeda, 1, M° Cais do Sodré • ☎ 214 032 712 • T.l.j. 19h-4h • Entrée gratuite.

O Bom o Mau e o Vilão

Bar à cocktails 29 Plan D5

Malgré un nom en hommage à Sergio Leone (traduction portugaise du film *Le Bon, la Brute et le Truand*), ce bar à cocktails branché du Cais do Sodré n'évoque en rien le western spaghetti. Installé dans une demeure pombaline, le lieu est divisé en plusieurs petites salles meublées façon années 1950. Au programme, concerts, projections de films, DJ sets (le w.-e.) et autres événements culturels.

Rua do Alecrim, 21, M° Cais do Sodré • ☎ 915 573 828 • Facebook : O Bom O Mau e O Vilão • Jeu.-sam. 18h-1h • Cocktail : 6-10 €.

Noobai

Bar 30 Plan C4

Le petit escalier sur la droite du miradouro de Santa Catarina mène à trois petites terrasses avec une vue incroyable sur le Tage et le pont du 25-Avril. Un lieu très agréable pour prendre un verre au soleil couchant, même si l'adresse a perdu le charme bohème des débuts.

Miradouro de Santa Catarina, rua de Santa Catarina, tram 28E, arrêt Rua de São Paulo/ Bica • ☏ 213 465 014 • www.noobaicafe.com • T.l.j. 10h-minuit • Bière : 2-5 €.

Sol e Pesca

Bar 31 Plan D5

Pour l'apéritif, optez pour ce petit bar original et populaire logé dans une ancienne boutique de pêche. On y accompagne son verre de vin de Madère, de porto ou de moscatel, de thon, d'anchois, de sardines à l'escabèche. On peut même repartir avec sa boîte de sardines (3,20-8 €)!

Rua Nova do Carvalho, 44, M° Cais do Sodré ou tram 25E, arrêt Rua de São Paulo • ☏ 213 467 203 • T.l.j. 12h-minuit • Bière : env. 1,50 €-3 €.

Park

Rooftop, bar, DJ 32 Plan C4

Vous aimez les lieux insolites? Prenez l'ascenseur miteux d'un parking jusqu'au 5e étage et vous découvrirez la terrasse la plus cool de la ville, noyée dans la verdure. Après un coucher de soleil inoubliable sur le pont du 25-Avril, vous pourrez vous déhancher sur les sons rock indé, hip-hop *old school* ou funk des DJ.

Calçada do Combro, 58, tram 28E, arrêt Santa Catarina • ☏ 215 914 011 • Facebook : Park • Dim.-jeu 13h-23h; hiver : ven.-sam. 13h-minuit • Cocktail : 7-12 €.

Pensão Amor

Bar et spectacles 33 Plan D5

Dans cette ancienne maison close, on sirote des cocktails aux noms évocateurs (Sex on the Beach, Bramble Love...) dans un décor de boudoir érotico-rétro. Une boutique coquine et une librairie érotique permettent de patienter en attendant les shows burlesques, les spectacles de *pole dance* ou les DJ sets.

Entrée rua Nova do Carvalho, 36-38 (1er ét.) ou rua do Alecrim, 19 • M° Cais do Sodré ou tram 25E, arrêt Rua de São Paulo • ☏ 213 143 399 • www.pensaoamor.pt • Dim.-mer. 14h-3h, jeu.-sam. 14h-4h • Bière : à partir de 2 €; cocktail : 7-11 € (9-13 € le soir).

Povo

Fado 34 Plan D5

Chaque mois, de jeunes artistes en résidence se produisent dans cette sympathique *tasca* contemporaine et culturelle. Conso au bar ou dîner à table pour assister aux concerts de fado.

Rua Nova do Carvalho, 32-36, M° Cais do Sodré ou tram 25E, arrêt Rua de São Paulo • ☏ 213 473 403 • www.povolisboa.com • Lun.-ven. 12h-15h et dim.-mer. 18h-2h (4h jeu-sam.) • Fado : mar.-dim. 20h30-23h, 2 sessions, 3 € au comptoir, 4 € à table.

B.Leza

Musique live 35 Plan C5

De vastes baies vitrées s'ouvrant sur le Tage et le pont du 25-Avril, une douce pénombre, du velours rouge… L'atmosphère est à la fois cosy par l'ambiance et survoltée par la musique qui s'y joue ! Difficile de rester assis très longtemps quand la piste vous appelle pour tester votre déhanché sur des rythmes cap-verdiens (fuuaná, coladera) ou de kizomba (DJ le dim.), musique enfiévrée originaire d'Angola. Ici, les rythmes de l'Afrique traduisent les liens encore très forts entre le Portugal et ses anciennes colonies.

Rua da Cintura do Porto de Lisboa, cais da Ribeira Nova, armazém B • ☏ 210 106 837 • Facebook : B.Leza Clube • Mer.-sam. 22h-4h, dim. 19h-2h • Entrée : 5-10 €, boissons : 3-10 €.

Music Box

Musique live 36 Plan D5

Club le plus branché de Cais do Sodré, Music Box est aussi l'une des meilleures adresses pour écouter des groupes indé locaux et étrangers en live : pop, new wave, dub, rock, funk, afrobeat et DJ sets électro… Il y en a pour tous les goûts.

Rua Nova do Carvalho, 24, M° Cais do Sodré ou tram 25E, arrêt Rua de São Paulo • ☏ 213 473 188 • www.musicboxlisboa.com • T.l.j. 23h-6h • Entrée club : 9-15 € • Concerts payants à partir de 22h.

Incógnito

Club 37 Plan C4

Rien n'indique ce club qui se fait discret dans une rue résidentielle, à deux pas du Bairro Alto. Il faut sonner à la porte pour pénétrer dans cet antre plus vraiment secret de la musique rock indé, new wave et synthé pop. Un classique des soirées lisboètes pour les oiseaux de nuit allergiques aux clubs classiques, par conséquent vite bondé.

Rua dos Poiais de São Bento, 37, tram 28E, arrêt Rua dos Poiais de São Bento • Mer.-sam. 23h-4h • Entrée : 5-10 € - Boissons : 4-10 €.

Pharmacia

Bar-restaurant 38 Plan C4

Vitrines remplies de vieux flacons et lit d'opération donnent le ton de ce bar restaurant décalé avec son décor d'officine vitaminée. Clin d'œil au musée de la Pharmacie voisin, on s'y arrête avant tout pour profiter de sa superbe esplanade ouverte sur le Miradouro de Santa Catarina. On y prescrit Analgésico, Vasodilatador, Placebo… des cocktails faussement thérapeutiques à siroter sur un transat.

Rua Marechal Saldanha, 1, tram 28E, arrêt Santa Catarina • ☏ 213 462 146 • Tlj 12h30-minuit • Cocktail : env. 10 € (7 € sans alcool).

Hôtels B&B

LX Boutique Hotel

Irrésistible boutique-hôtel aux couleurs de Lisbonne, dont les chambres à thème vous propulsent dans l'univers du Tage, du fado, du Bairro Alto ou des 7 collines. Restaurant de sushis très couru.

Rua do Alecrim, 12 (plan D5), M° Cais do Sodré • ☎ 213 474 394 • www.lxboutiquehotel.com • 130-325 €, petit déjeuner : 16 €.

Loja das Conservas

Conserveria 40 Plan D5

Des piles et des piles de boîtes de sardines ! La boutique officielle de l'association nationale des conserveries de poisson propose les produits d'une vingtaine de producteurs. Outre les *sardinhas*, on trouve du maquereau et des anguilles à toutes les sauces ainsi que des pâtés de poisson aux emballages rétro (2,50-5 €).

Rua do Arsenal, 130 (en travaux, adresse provisoire Rua da Vitoria 69). • ☎ 911 181 210 • T.l.j. 10h30-19h30.

Shopping Cadeaux

Fábrica Sant'Anna

Azulejos 39 Plan D4

Sant'Anna est l'une des rares fabriques du XVIIIe s. à produire encore céramiques et azulejos. Tout y est fait à la main selon des procédés traditionnels. La boutique propose des panneaux, des copies de motifs anciens, des objets décoratifs et des petits souvenirs (à partir de 4 €). L'atelier, situé à Belém, peut se visiter (Sant'Anna, calçada da Boa Hora, 96, hors plan par A5, ☎ 213 638 292, visite gratuite sur résa info@santanna.com.pt).

Rua do Alecrim, 95, M° Baixa-Chiado, tram 28E, arrêt Praça Luís de Camões • ☎ 213 422 537 • www.santanna.com.pt • Lun.-sam. 9h30-19h.

Activités Détente

Longer le Tage à vélo

À partir de **Cais do Sodré**, on emprunte une **piste cyclable de 7 km** sans dénivelé qui longe le Tage jusqu'aux Docas, le quartier branché au bord du fleuve. L'itinéraire passe par la tour de Belém et le monument des Découvertes. L'occasion de faire du sport tout en humant l'air du large.

LE MEILLEUR DE LA CUISINE PORTUGAISE CONTEMPORAINE

Les bases de la cuisine portugaise sont bien là, mais avec ce petit « truc en plus » qui fait toute la différence : twistée, allégée, revisitée, la cuisine contemporaine des nouveaux chefs portugais vous surprendra agréablement !

Mercado da Ribeira

La cuisine de grands chefs portugais en version fast-food dans le *food hall* le plus couru de la capitale.

Voir p. 78, quartier Cais do Sodré et Bica.

100 maneiras

Fondez pour le menu dégustation élaboré selon le marché du jour et laissez-vous surprendre !

Voir p. 66, quartier De Príncipe Real à São Bento.

Boubou's

Les plats délicieux de Louise Bourrat rivalisent de fraîcheur et d'inventivité. Un must du quartier où l'on peut s'attabler de midi à minuit.

Voir p. 66, quartier De Príncipe Real à São Bento.

Pap'Açôrda

Adresse emblématique du Bairro Alto depuis les années 1980, ce pionnier de la cuisine portugaise contemporaine a migré au mercado da Ribeira.

Voir p. 78, quartier Cais de Sodré et Bica.

Belcanto

Il faudra réserver au moins deux mois à l'avance pour goûter la cuisine moléculaire du célèbre chef José Avillez.

Voir p. 42, quartier Le Chiado.

Mercado da Ribeira

L'ALFAMA ET LE CASTELO DE SÃO JORGE

7

Berceau de l'Olisipo romaine, l'Alfama est le plus vieux quartier de Lisbonne. Seul rescapé du séisme, il a conservé de son passé arabe et juif le tracé labyrinthique des médinas. Au hasard des escaliers et des ruelles, où de vieilles dames en noir papotent et où le linge sèche aux fenêtres, ce *bairro* populaire de pêcheurs et d'artisans préserve jalousement l'âme de la capitale. Il fait bon s'y perdre : en journée pour ses scènes de la vie quotidienne ou pour la créativité du street art local ; en soirée pour les mélodies poignantes du fado et les sardines grillées à déguster en terrasse.

Miradouro de Santa Luzia

❶ Castelo de São Jorge+++

Il reste aujourd'hui peu de vestiges originaux du **château Saint-Georges.** Envahie de pins parasols et d'oliviers, la citadelle médiévale dégage pourtant une certaine magie. Détruits en grande partie par le séisme de 1755, les remparts crénelés sont un pastiche médiéval du XXe s., du haut desquels on profite des plus beaux panoramas sur la ville. Le site accueille une boutique de souvenirs, un café et le restaurant haut de gamme **Casa do Leão** (t.l.j. 12h30-21h).

Histoire

Phéniciens, Carthaginois et Romains occupèrent tour à tour ce site stratégique, puis Wisigoths et Maures y établirent leur forteresse. Conquis en 1147 par dom Afonso Henriques, le château connut son âge d'or comme résidence royale du XIIIe au XVIe s. Après le transfert de la

Cour sur les rives du Tage sous Manuel Ier au XVIe s., l'édifice tomba dans l'oubli, puis servit de quartier militaire et de prison. Salazar le fit rénover en 1938.

Le jardin des ruines

L'entrée du site ouvre sur une esplanade où trône une statue de dom Afonso Henriques, premier roi du Portugal. Les jardins (1942) sont parsemés de vieilles pierres romantiques à souhait.

Le palais royal

Du Paço Real da Alcáçova, où résidaient les souverains portugais, il ne reste plus qu'une belle salle avec des arcs gothiques. Un film sur l'histoirc de Lisbonne y est projeté. Les salles attenantes abritent un

Pause au soleil : Quiosque Portas do Sol

Ressourcez-vous à la buvette du **miradouro das Portas do Sol**, tout près de la statue de saint Vincent, le saint patron de Lisbonne. De la terrasse, panorama sublime sur les quartiers de São Vicente et de l'Alfama. La façade blanche du monastère Saint-Vincent et le dôme du Panthéon national surgissent d'un chaos de toits rouges qui dégringolent jusqu'au Tage.

52 **Plan F4** • *Largo das Portas do Sol* • *T.l.j. 9h-21h (jusqu'à minuit s'il y a du monde).*

petit **musée archéologique**, et des **expositions temporaires** ont lieu dans les anciennes prisons.

Le *castelo* et le chemin de ronde

Le château se résume aujourd'hui à d'épaisses murailles crénelées flanquées de tours de guet. La balade sur le chemin de ronde ménage différents points de vue sur le Tage, la cathédrale et le pont du 25-Avril. Attention, les escaliers sont assez raides, soyez prudent, surtout avec des enfants. Au nord-est, près des fouilles archéologiques, la **porte de Martim Moniz** rappelle le dévouement du vaillant chevalier qui empêcha les Maures de refermer cette porte sur les soldats portugais.

Câmara Escura

La **torre de Ulisses** (tour d'Ulysse) abritait jadis le trésor royal. Sa chambre noire (t.l.j. 10h-17h) projette sur une toile une vue de la ville à 360°. Le procédé, inventé par Léonard de Vinci au XVIe s., est le seul système d'optique de ce genre au Portugal.

Rua de Santa Cruz do Castelo • ☎ 218 800 620 • www.castelodesaojorge.pt • Mars-oct. : t.l.j. 10h-20h; nov.-fév. : t.l.j. 9h-18h; f. 1er janv., 1er mai, 24, 25 et 31 déc. • Visite guidée (2,50 €) t.l.j. en anglais, en espagnol

et en portugais (10h-18h30, env. toutes les heures) • Entrée : 10 €.

2 Santa Cruz✦✦

Aux portes du castelo de São Jorge, le petit quartier de Santa Cruz dessine un charmant lacis de ruelles étroites et pavées, bordées de maisons typiques aux balcons en fer forgé. Les icônes religieuses, les perruches en cage, les décorations kitsch, les fleurs et les plantes grimpantes dissimulent habilement les murs délabrés. Une promenade savoureuse.

3 Museu de Artes Decorativas✦✦✦

Le **musée des Arts décoratifs** est installé dans l'ancien palais des vicomtes d'Azurara, racheté en 1947 par Ricardo do Espírito Santo Silva. Banquier et mécène portugais, il restaura l'édifice dans le style d'une demeure aristocratique et le décora de ses collections privées. Vous visiterez donc un palais typique du XVIIIe s., avec ses lambris d'azulejos et ses plafonds en bois peint, décoré de superbes meubles indo-portugais, de tapis d'Arraiolos des XVIIe et XVIIIe s. et de porcelaines de Chine. Il s'agit aussi d'un musée-école destiné à préserver les arts décoratifs et leurs techniques traditionnelles. Vous pouvez même participer à l'un des ateliers de la fondation, notamment celui de reliure. Patio agréable pour déjeuner.

Ruelle décorée de Santa Cruz

Largo das Portas do Sol, 2 • ☏ 218 814 600 (lun.-ven.) ou 218 881 991 (sam.-dim.) • www.fress.pt • Musée : mer.-lun. 10h-17h; f. 1er janv., 1er mai et 25 déc. • Visite guidée des ateliers sur résa • Entrée : 4 €.

4 Miradouro de Santa Luzia✦✦✦

À côté de l'**igreja de Santa Luzia** s'étend un charmant jardin. Sous ses arcades, les joueurs de cartes du quartier disputent des parties acharnées, indifférents aux touristes ! Du belvédère, vous aurez une vue splendide sur les toits de l'Alfama, les

Miradouro de Santa Luzia

clochers blancs de l'igreja de São Miguel et la mer de Paille.

5 Catedral Sé Patriarcal✦✦

La Sé, abréviation de *Sedes episcopales*, abrite le siège de l'évêché. Peu après la conquête de Lisbonne, le roi dom Afonso Henriques (1128-1185), fondateur de l'État portugais, ordonna l'édification d'une église chrétienne à l'emplacement de l'ancienne mosquée. Bien qu'elle ait subi depuis beaucoup de modifications, elle a conservé ses tours romanes du XIIe s. L'intérieur est austère, presque vide, mis à part le tombeau de saint Vincent (dans la partie du Trésor), patron de la ville, et les fonts baptismaux où saint Antoine de Padoue aurait été baptisé.

Largo de Santo António da Sé • ☎ 218 866 752 • **Église** *: lun.-sam. 10h-18h; dim. 10h-13h, 14h-18h (entrée libre) •* **Trésor** *: lun.-sam. 10h-18h; f. j.f. •* **Cloître** *: f. pour travaux • Entrée : Trésor 4 €.*

6 Igreja e Museu Santo António✦

Cette église fut édifiée à l'emplacement supposé de la maison natale de saint Antoine de Padoue. Elle renfermela statue portée en procession dans les rues de l'Alfama lors de sa fête (p. 188) et un musée sur la vie du saint.

Largo de Santo António da Sé, 22 • ☎ 218 869 145 (église), 218 860 447 (musée) • **Église** *: t.l.j. 10h-18h • Entrée libre •* **Musée** *: mar.-dim. 10h-18h • Entrée : 3 €, gratuit dim. et j.f. jusqu'à 14h.*

7 Casa dos Bicos – Fundação José Saramago✦

L'Alfama était jadis un quartier noble, comme en témoigne cette riche demeure bâtie vers 1523 par le fils du vice-roi des Indes. Avec son étrange façade de pierres taillées en pointes de diamant (plus de 1 000 !), elle évoque un palais vénitien. Surrélevée d'un étage, la « maison des pointes » abrite la fondation José Saramago (expo permanente dédiée au célèbre auteur portugais, prix Nobel de littérature en 1998) et des vestiges archéologiques de l'Olisipo romaine.

Rua dos Bacalhoeiros, 10 • ☎ 218 802 040 • www.josesaramago.org • Lun.-sam. 10h-18h • Entrée fondation Saramago : 3 €, vestiges archéologiques : gratuit.

8 Chafariz de El-Rei✦

Cette fontaine *(chafariz)* du XIIIe s. reconstruite au XVIIIe s. pourrait bien être la première de la ville. C'est elle qui approvisionnait, au XVIe s., les navires en partance pour les Indes. Avec la **chafariz do Dentro** (XVIIe s.), au bout de la rua Terreiro do Trigo, il s'agit des deux seules fontaines de ce type encore visibles dans le quartier. Alfama provient du nom arabe *al-hama*, « fontaine chaude », car le quartier abritait des sources naturelles. Non loin, on accède à la **rua da Judiaria** (par l'arco do Rosário), dernier témoin de l'ancien quartier juif du XIVe s. Tous les soirs, la porte se refermait, isolant la Judiaria (le ghetto) des quartiers chrétiens. Ce système fut aboli par Manuel Ier en 1496.

Largo do Terreiro do Trigo.

9 Igreja e Largo de São Miguel✦✦

Cette église aux deux clochers blancs se détachant dans le ciel, dissimule un intérieur baroque tout en dorures, coiffé d'un magnifique plafond peint. Édifiée au XIIe s., puis reconstruite en 1674, elle n'a presque pas subi de dégâts lors du séisme. La place São Miguel devient un lieu enchanteur à la tombée de la nuit…

Petit lexique du promeneur de l'Alfama

Les noms des rues sont déjà une invitation à la promenade… Pour vous y retrouver :

Beco **: littéralement le « bec », ruelle tortueuse et étroite qui peut se transformer en impasse.**

Calçada **ou** ***calçadinha*** **: chaussée, par extension petite montée… souvent assez raide.**

Travessa **: rue transversale, souvent à emprunter à pied.**

Escadinhas **: petits escaliers (*escadas* : escaliers) : prenez votre souffle avant de vous y engager.**

Pátio **: cour généralement au bout d'une voie sans issue.**

Vue sur l'Alfama, l'église Santo Estêvão et le Tage

• ☏ 218 866 559 • Aux heures de culte : mer.-ven. 16h-18h, dim. 8h-10h • Entrée libre.

10 Museu do Fado✦

Installé dans une ancienne station de pompage des eaux du XIXe s., ce musée est le premier du pays entièrement consacré au fado (p. 102). Son histoire est illustrée par un parcours audiovisuel jalonné de photographies, d'œuvres d'art représentant les premières scènes de fado, de partitions, de films, de disques, d'instruments de musique et de costumes. Le musée abrite une école, un centre de documentation, une boutique ainsi qu'un auditorium où sont donnés des spectacles.

Edificio do Recinto da Praia, largo do Chafariz de Dentro, 1 • ☏ 218 823 470 • www.museudofado.pt • Mar.-dim. 10h-18h; f. 1er janv., 1er mai, 24-25 et 31 déc. • Entrée : 5 € (audioguide inclus).

11 Igreja de Santo Estêvão✦

Le belvédère auquel on accède par les charmants ***escadinhas*** (escaliers) **de Santo Estêvão** ménage une jolie vue sur les toits de l'Alfama. Si, par chance, l'église est ouverte, allez jeter un œil au chœur et, dans la sacristie, à la belle statue de bois polychrome de Thérèse d'Ávila. Fondée au XIIe s., remaniée plusieurs fois, l'édifice présente un plan octogonal unique à Lisbonne.

Largo de Santo Estêvão, 13 • Aux heures de culte : mer.-ven. à partir de 17h, dim. à partir de 10h • Entrée libre.

VOYAGE EN TRAM 28

Dans le ballet incessant des vieux tramways jaunes qui gravissent les collines de Lisbonne depuis 1901, le mythique tram 28 fait figure de star. De la Praça Martim Moniz au Campo de Ourique, il offre un parcours spectaculaire de 45 minutes plein de montées et de descentes à travers les plus beaux quartiers de Lisbonne. Remontez le temps dans le petit wagon au charme vintage avec son habitacle en bois et ses banquettes en moleskine et collectionnez les points de vue inattendus sur la ville.

À travers les fenêtres de l'Eléctrico 28

Le petit tram vous embarque Praça de Martim Moniz, puis se faufile à vive allure dans les ruelles étroites de Graça, frôle les façades d'azulejos et les lampadaires dans un concert de grincements, alternant freinages secs et brusques accélérations. Il dévale ensuite l'Alfama, dévoilant son océan de toits et des morceaux de Tage, puis dépasse la cathédrale avant de longer les rues rectilignes de la Baixa. Il grimpe ensuite vers le Chiado jusqu'à la jolie praça Luís de Camões, et poursuit sa route toute en montée jusqu'à Estrela, entre façades pastel et basilique néoclassique. Arrivé à son terminus, Campo de Ourique, et avant de faire le trajet en sens inverse, faites un tour dans le **cemitério dos Prazeres**, le Père-Lachaise local !

Conseils et astuces

Au départ de Martim Moniz, installez-vous du côté gauche pour profiter des vues sur le Tage. Pour avoir plus de chance de trouver une place assise, faites le trajet en début de soirée ou partez de Campo de Ourique. Attention aux pickpockets qui opèrent généralement près des portes.

Restos | Bars | Hôtels | Shopping | Activités

Restos Bistrots

Grenache

Français 47 Plan F4

La haute cuisine française s'est trouvée une place de choix à Lisbonne depuis que le chef français Philippe Gelfi a posé ses casseroles dans la cour du palais Belmonte. De superbes assiettes minimalistes et modernes, composées avec minutie dans la cuisine ouverte, à savourer dans une salle cosy décorée d'œuvres d'art contemporain.

Páteo Dom Fradique, 12 • ☎ 218 871 616 • https://grenache.pt • Mar.-dim. 19h-23h (et ven.-dim. 12h-15h) • Plat : 22-28 €; menu dégustation : 64 € et 82 €.

Pois Café

Café 48 Plan F4

Qui aurait cru trouver un café autrichien en plein cœur de l'Alfama ? La salle, belle, lumineuse et haute de plafond, est envahie de chaises colorées, de tables de cuisine, de vieux fauteuils dépareillés et de sofas pour feuilleter l'un des nombreux livres ou magazines mis à disposition. Sandwichs, salades, plats du jour (7-10 €), gâteaux, pâtisseries autrichiennes, ainsi qu'un menu autour de 10 € sont proposés.

Rua de São João da Praça, 93-95 • ☎ 218 862 497 • www.poiscafe.com • T.l.j. 11h-18h• Brunch : t.l.j. 7-14 €.

Belmonte Cultural Club

Café 49 Plan F4

La cour du palais Belmonte (XVe s.), transformé en hôtel de luxe, abrite un café chic décoré d'œuvres d'art contemporain où vous pourrez savourer un excellent café, de délicieux jus de fruits frais 100 % naturels (4 €) et des salades gourmandes généreuses – quoique un peu chères – composées de produits de saison issus de petites fermes bio.

Páteo Dom Fradique, 14, tram 12E ou 28E, arrêt Castelo • ☎ 218 816 600 • www.palaciobelmonte.com • T.l.j. 11h-21h • Salade : 19-24 €, sandwich : 8 €.

Pois Café

A Travessa do Fado

Portugais traditionnel 50 Plan F4

Il ne s'agit pas d'une maison de fado mais d'un restaurant adossé au musée du Fado, que l'on doit aux propriétaires du célèbre A Travessa (p. 127). En salle ou en terrasse, on se régale de cassolettes et de petits plats portugais traditionnels cuisinés avec des produits de saison : crevettes à l'ail, coquillages, fèves et chorizo… servis en continu.

Museu do Fado, largo do Chafariz de Dentro, 1, bus 206 ou 210, arrêt Casa do Conto • ☎ 218 870 144 • Mer.-dim. 12h-22h• Fado : mer. et ven. 19h • Plat : 10-17 €.

Arco do Castelo

Indien et portugais 51 Plan F4

À peine dix tables toutes simples, et l'accueil chaleureux de Pedro. Osez le *caril* (curry) de crevettes ou de poulet, le *xeque-xeque* de crabe (14 €) ou la *feijoada à indiana*. Demandez *piquante* si vous êtes amateur de sensations fortes, ou *meio piquante*, épicé juste ce qu'il faut ! Excellent choix de vins portugais.

Rua do Chão da Feira, 25, tram 12E ou 28E, arrêt Castelo • ☎ 218 876 598 • Lun.-sam. 12h-minuit • Plat : 9-14 €, plat du jour : 8 € • Résa recommandée.

VOIR AUSSI P. 89 :

Quiosque Portas do Sol 52 Plan F4

Bars, clubs Sorties

Café da Garagem

Bar-café 39 Plan F3

Le *coffee shop* du Teatro da Garagem (théâtre expérimental) est un secret bien gardé. La déco vintage, la douce lumière diffusée par des suspensions un peu vieillottes et la ville en cinémascope derrière la baie vitrée donnent envie de s'attarder dans ce lieu cosy.

Costa do Castelo, 75, tram 12E ou 28E, arrêt Rua dos Lagares • ☎ 218 854 190 • Facebook : Café da Garagem • Mar.-dim. 13h-21h • Bière : 1,50-2 €.

Memmo Alfama Hotel

Bar lounge 40 Plan F4

Il faut grimper tout en haut de l'hôtel Memmo Alfama pour débusquer ces divines petites terrasses perchées au-dessus du Tage et des toits de l'Alfama. Un vrai bonheur en journée pour lézarder au bord de la micropiscine, encore mieux en soirée pour siroter un cocktail : la vue est incroyablement romantique ! Ambiance lounge et petite carte de restauration.

Travessa das Merceiras, 27, M° Terreiro de Paço, tram 12E ou 28 E, arrêt Limoeiro • ☎ 210 495 660 • www.memmohotels.com/alfama • T.l.j. 18h-23h • Cocktail : env. 10 €.

Chapitô

Bar, DJ, fado 41 Plan E4

Une ancienne prison pour femmes reconvertie en école de cirque par Tété, première femme clown célèbre du Portugal. Une place colorée avec une belle vue sur le Tage accueille le restaurant Chapitô à Mesa. Au sous-sol, le bar Bartô distille fado et musiques du monde en semaine et DJ sets le week-end.

Costa do Castelo, 7, tram 12E ou 28E, arrêt Largo das Portas do Sol • ☏ 218 875 077 • Facebook : Chapitô à Mesa • Restaurant : t.l.j. 12-30-18h30 et 19h-23h • Bar Bartô : t.l.j. 21h-2h • Concert : tous les soirs à 22h30 (fado jeu., chorinho. mar.) • Gratuit ou conso min/entrée 5 €.

Clube de Fado

Fado 42 Plan F4

Une maison historique de l'Alfama pour écouter du fado de haute volée, distillé par petites sessions de trois ou quatre morceaux tout au long de la soirée. Quatre chanteurs différents accompagnés de musiciens se succèdent chaque soir. On peut au choix y dîner à la carte ou simplement y boire un verre à partir de 23h, après le départ des groupes de touristes.

Rua de São João da Praça, 94, tram 12E ou 28E, arrêt Limoeiro • ☏ 218 852 704 (résa conseillée). • www.clube-de-fado.com • T.l.j. 20h-2h • Plats : 25-35 €.

Parreirinha de Alfama

Fado 43 Plan F4

L'un des clubs les plus célèbres de Lisbonne. Une réputation qui attire les groupes de touristes, bien que l'accueil et la cuisine soient un brin décevants. Essayez en semaine et après dîner, le lieu aura retrouvé son authenticité.

Beco do Espírito Santo, 1, bus 206 ou 210, arrêt Casa do Conto • ☏ 218 868 209 • www. parreirinhadealfama.com • Mar.-dim. 20h-1h; spectacle vers 21h, dîner à partir de 20h • Conso : 20 € après 22h. Résa conseillée. Espèces slmt.

Tejo bar

Bar, musique live 44 Plan F4

Si vous cherchez un endroit authentique et loin des sentiers battus, vous serez comblé ! Il faut pousser une banale porte d'immeuble pour découvrir ce petit bar qui propose des concerts en fin de soirée. Quelques coussins sur les bancs le long du mur, un piano et des guitares, mais surtout des discussions joyeuses, des jeux de dominos et de cartes autour des tables. Les instruments sont à la disposition de tous : s'il n'y a pas de concert – la programmation est plutôt tournée vers la musique africaine –, vous pourrez vous en emparer et faire un bœuf !

Beco do Vigário, 1A • ☏ 919 953 961 • Facebook : Tejo Bar • T.l.j. 16h-23h (parfois f. le dim.) • Boisson : env. 4 €.

Shopping Cadeaux

Chi-Coração

Laine 41 Plan F4

Si vous aimez les teintes et les tissus naturels, Chi-Coração est fait pour vous ! Dans l'agréable boutique, des créations artisanales et portugaises du meilleur goût, fabriquées sur des métiers à tisser traditionnels dans la serra de Aire : superbes couvertures en laine (90-110 € env. le grand modèle), qui séduisent aussi bien par leurs motifs que leurs jolis coloris, mais aussi tricots, capes amples en laine ou en burel, vestes, châles, écharpes et sacs cousus main.

Rua Augusto Rosa, 22-24, tram 12E ou 28E, arrêt Sé • ☏ 213 461 082 • www.chicoracao.com • T.l.j. 10h-21h.

Era uma Vez um Sonho

Enfants 42 Plan F4

Il était une fois un rêve... ou une plongée dans un conte de fées ! Dans son échoppe-atelier, Julieta Franco, illustratrice de livres pour enfants, transforme d'un coup de baguette magique ses petits personnages imaginaires en poupées de tissu multicolore (à partir de 16 €) : princesses, fées, pieuvres, poules, arbres magiques... Tout est fait main, du petit hochet aux berceuses en tissu, des tee-shirts aux sacs en toile, imprimés de joyeux motifs.

Rua do Barão, 22, tram 12 ou 28E, arrêt Limoeiro • ☏ 968 801 455 • www.eraumavezumsonho.com • Lun.-sam. 10h-20h.

Caulino

Céramique 43 Plan F4

Vous trouverez ici les créations de Catia Pessoa et de quatre autres céramistes lisboètes, bourrés de talent et d'imagination. Entre les envolées de papillons, les plats froissés ou les vide-poches minimalistes, ces pièces contemporaines et poétiques bousculent la céramique portugaise. Petites pièces à partir de 20 €. Catia propose aussi des ateliers.

Rua de São Mamede, 28, M° Baixa-Chiado • ☏ 917 296 439 • www.caulinoceramics.com • Lun.-ven. 11@h-18h, sam. 11h-14h.

Caulino

Ponto LX

Souvenirs et cadeaux 44 Plan F4

Inès Areal Silva est une jeune créatrice qui confectionne de charmants objets décoratifs en tissu. Sa petite échoppe pullule de sardines multicolores de toutes tailles (à partir de 8,50 €) ; aujourd'hui copiées par les boutiques de souvenirs, d'hirondelles et de coqs de Barcelos sympathiques. On aime aussi les colliers en textile et les pantoufles typiques du Nord faites par la grand-mère.

Rua Augusto Rosa, 23, tram 12E ou 28E, arrêt Sé • ☏ 210 183 213 ou ☏ 012 421 929 • Facebook : Ponto LX • T.l.j. 11h-14h et 15h-19h.

A Arte da Terra

Souvenirs et cadeaux 46 Plan F4

Derrière la cathédrale se cache un autre sanctuaire : celui de l'artisanat portugais ! Dans une vaste salle, aux murs blanchis à la chaux et au sol pavé de gros galets, sont exposés les œuvres et les travaux d'artistes et d'artisans de tout le pays : linge de maison brodé aux couleurs joyeuses, patchworks, chaussons traditionnels (25-35 €), mouchoirs d'amoureux, poupées molles, statuettes naïves et vêtements de créateurs.

Rua Senhora do Monte 5 (quartier Graça) • ☏ 212 745 975 • www.aartedaterra.pt • Mar.-sam. 11h-14h et 15h-18h ; f. 25 déc. et 1er janv.

Benamôr

Cosmétiques 47 Plan E4

Fondée à Lisbonne en 1925, l'adorable et célèbre marque de cosmétiques de la famille Benamôr n'a pas pris une ride. Conditionnées dans de jolis tubes Art déco, les recettes de beauté miracles à base d'ingrédients naturels ont séduit des générations de femmes portugaises dont la reine Amélie elle-même. Parmi les produits cultes, l'indétrônable crème de rosto à la rose (env. 15 €), la crème de main Alantoíne, le baume à lèvres Rose Amélie et le savon Jacarandá, au parfum de Lisbonne.

Rua dos Bacalhoeiros, 20A • ☏ 218 003 037 • https://benamor1925.com • Mar.-sam. 12h-15h et 15h30-19h.

Activités Détente

Prendre un cours de photo dans les ruelles de l'Alfama

Rendez-vous sur les hauteurs de la ville pour un atelier photo de 2h30 à travers les rues des quartiers de Graça (p. 104) et de l'Alfama (p. 88). Les cours sont enrichis de nombreux conseils techniques et artistiques adaptés au niveau des participants.

www.lisbonphotographer.com

LE TOP DES SOIRÉES FADO

Si vous souhaitez ressentir l'âme de Lisbonne, il faut absolument assister à une soirée fado. Que les chanteurs soient professionnels ou amateurs, ces représentations langoureuses sauront émouvoir les plus endurcis. À ne pas rater !

A Tasca do Chico

Pour écouter des amateurs dans une ambiance sympathique.

Voir p. 56, quartier La Bairro Alto.

Povo

Soirées fado dans une *tasca* contemporaine.

Voir p. 78, quartier Cais do Sodré et Bica.

Sr. Vinho

Une adresse réputée dans le quartier de Lapa.

Voir p. 122, quartier Lapa et Alcântara.

Maria da Mouraria - Casa da Severa

Du fado intimiste et de qualité dans le quartier de la Mouraria.

Voir p. 104, quartier Graça et la Mouraria.

Clube de Fado

Dans le peloton de tête des meilleures maisons de fado de la capitale.

Voir p. 88, quartier L'Alfama.

Povo

LE FADO L'INCONTOURNABLE DE LISBONNE

Mélopée triste et langoureuse qui exprime toute la *saudade* de l'âme portugaise, le fado ne peut laisser de marbre... Que les chanteurs soient professionnels ou amateurs, à Lisbonne, il faut assister sans faute à une soirée fado.

À l'origine

Les avis divergent quant aux origines du fado. On parle de chants nés sur les bateaux, exprimant la **nostalgie de marins** qui rêvaient d'un hypothétique retour au pays. On évoque aussi des **mélodies venant du Brésil ou de l'Afrique**. Quoi qu'il en soit, le fado apparaît à Lisbonne au XVIIIe s. comme une danse très sensuelle inspirée de la danse du ventre africaine. Il se transforme peu à peu en une mélodie poétique accompagnée d'arrangements musicaux à la guitare.

Saudade et sébastianisme

« Fado » vient du latin *fatum*, le destin, et il exprime un sentiment proche du blues : la *saudade*, expression nostalgique d'un passé heureux et en même temps l'impuissance face au temps qui passe. Mais le fado s'alimente aussi d'un curieux espoir puisé dans une vieille légende : le sébastianisme. Le jeune roi Sebastião Ier ne serait pas mort dans la désastreuse croisade contre les Arabes en 1578 ; il devrait revenir un jour sauver son pays et lui rendre sa gloire passée !

Populaire et lisboète

Pour les Lisboètes, il n'y a de « vrai » fado qu'à Lisbonne et c'est un art de la rue. Ici, hommes et femmes des quartiers populaires se réunissent dans des tavernes et se transforment en chanteurs d'un soir pour exprimer la beauté de leur ville, les souffrances de l'amour, la pauvreté ou l'exil…

Une mise en scène très mélo

Le ***fadisto*** ou la ***fadista*** (chanteur ou chanteuse de fado), tout de noir vêtu, se campe, bien droit entre ses musiciens, la tête haute et le regard lointain. Les deux ***guitarras***, instruments à douze cordes typiquement portugais, produisent des sons un peu métalliques qui accompagnent toute la mélodie comme de longs sanglots. Heureusement, les ***violas*** (guitares espagnoles) sont là pour donner quelques notes d'espoir…

Fado chic...

Si vous optez pour le restaurant-fado version chic, vous dînerez en écoutant différents artistes. Ces endroits sont souvent chers et touristiques. Il faut donc bien choisir pour être sûr d'assister à un spectacle de qualité. C'est le cas du **Sr. Vinho** (p. 130), boîte de la célèbre *fadista* Maria da Fé, aujourd'hui directrice artistique… ou de la **Parreirinha** (p. 98), tenue pendant longtemps par sa rivale, Argentina Santos, et où se produisent des grands noms du fado.

... ou fado choc

Si vous préférez l'authentique ***fado vadio*** (amateur), à vous de dénicher la *tasca* (bistrot) dans le Bairro Alto ou l'Alfama. Il s'agit souvent de boîtes minuscules, où les habitants du quartier viennent chanter après 23h Et c'est debout, verre d'*aguardente velha* (eau-de-vie vieillie) à la main, qu'on apprécie ces mélodies. ■

fado au Povo

Discothèque idéale

Du côté des mythes, achetez sans hésiter les disques d'Amália Rodrigues, la grande dame du fado. Maria da Fé et Argentina Santos, ou Carlos do Carmo chez les hommes, constituent aussi des valeurs sûres. Pour découvrir la jeune génération qui s'est inspirée des airs de fado en les modernisant, Mariza *(Terra, Fado tradicional...)*, phénomène international du new fado, et Ana Moura sont toutes deux en tête d'affiche de la scène actuelle. Citons aussi Madredeus, le groupe d'Ana Salgueiro, célèbre depuis qu'il a mis en musique le film de Wim Wenders, *Lisbon Story*, ou encore les voix magiques de Dulces Pontes *(Caminhos, Lágrimas...)*, de Mísia *(Tanto menos tanto mais)*, d'Amélia Mude *(Todos os dias)*, de Paulo Bragança, le plus décalé des fadistes contemporains. Pour en savoir plus, foncez au museu do Fado (voir p. 94).

GRAÇA ET LA MOURARIA

8

Le sommet de la colline de Graça, parsemée de villas et de cités ouvrières du XIXᵉ s., dévoile l'un des plus beaux panoramas sur la ville. À ses pieds serpentent les ruelles de la populaire et cosmopolite Mouraria, ancien quartier maure du Moyen Âge et berceau du fado, où la bohème a fait son nid. Plus haut, Intendente est le petit quartier cool qui a le vent en poupe.

Quartier de mouraria

1 Rua de São Cristóvão✦✦

C'est une ruelle pleine de charme avec ses petites boutiques indépendantes et ses cafés bohème, son **église** São Cristóvão, où les marins venaient prier avant d'embarquer pour le Nouveau Monde, et son escalier orné d'une fresque dédiée aux grandes figures du fado. La photographe Camilla Watson a épinglé les portraits des habitants du quartier sur les maisons du beco das Farinhas. On se croirait dans un petit village !

2 Vila Sousa et Vila Berta✦

Entre 1880 et 1900 apparurent les *vilas plurifamiliares de habitação econômica*, à l'initiative d'industriels, pour loger les ouvriers. Recouverte d'azulejos turquoise, la **vila Sousa** en est un bel exemple et d'une certaine façon, préfigure nos HLM.
La **vila Berta,** elle, est une allée

calme bordée de maisonnettes fleuries et de jardins privatifs.

Vila Sousa : largo da Graça, 82. Vila Berta : rua do Sol à Graça, 55-57 (allée privée).

3 Miradouro da Graça+++

Il faut grimper jusqu'à ce promontoire spectaculaire où s'élève l'église **Nossa Senhora da Graça** (XIIe et XVIIIe s) pour profiter du belvédère et de son café. Empruntez ensuite le **caracol da Graça,** un escalier pittoresque en zigzag qui ramène dans le quartier de la Mouraria.

Largo da Graça.

4 Miradouro da Senhora do Monte+++

Devant la **chapelle Senhora do Monte,** se trouve le plus haut belvédère de Lisbonne – le plus secret aussi. À l'ombre des pins, le regard embrasse les quartiers nord, la vieille ville, le Castelo et le Tage. Charmant au crépuscule.

Largo do Monte.

5 Fábrica Viúva Lamego+++

Réalisée par Ferreira das Tabuletas, la façade est l'un des plus beaux exemples de l'art de l'azulejo du XIXe s. Derrièrc la maison, l'ancien atelier abrite la boutique de souvenirs A Vida Portuguesa (p. 110).

Largo do Intendente Pina Manique, 25.

Pause bohème : O Corvo

Cette terrasse de la Mouraria nous transporte sur une adorable placette de village avec son arbre, sa fontaine et ses maisons carrelées d'azulejos. Un chaleureux café vintage pour une pause focaccia, burger, salade, gâteau maison… ou pour boire un verre en soirée, loin du brouhaha !

58 *Largo dos Trigueiros, 15 • ☎ 218 860 545 • Lun.-jeu. 9h-23h, ven.-dim. 9h-minuit • Focaccia : env. 7 €.*

Restos | Bars | Hôtels | Shopping | Activités

Restos Bistrots

O Trigueirinho

Portugais traditionnel 53 Plan E3

Tables à touche-touche, nappes à carreaux, crépi aux murs et un menu tout simple composé de viandes et de poissons grillés vous attendent dans cette petite cantine de quartier. Soupe Alentejana, côtelettes d'agneau, escalope de veau, steak, dorade, morue… à petit prix ! Le tout sur une jolie placette de la Mouraria.

Largo dos Trigueiros, 17, M° Rossio, tram 12E ou 15E, arrêt Praça Figueira • ☎ 218 881 219 • Lun.-ven. 12h30-15h30 et 20h-22h30, sam. 12h30-15h30 • Plat : 7-10 €.

O Zé da Mouraria

Portugais traditionnel 54 Plan E3

Si vous recherchez une authentique cantine populaire et une cuisine régionale typique, poussez la porte de ce restaurant. Figure du quartier et maître des lieux, Virgílio vous accueille dans une petite salle à la déco rustique avec cuisine ouverte. Steak à l'ail, côtelettes de porc... les plats servis en portions généreuses changent souvent. Avec un peu de chance, vous aurez droit à une parenthèse de fado spontanée.

Rua João do Outeiro, 24, M° Martim Moniz • ☏ 218 865 436 • Lun.-sam. 12h- 16h • Plat dose (pour 2 pers.) : 22-28 €.

The Food Temple

Végétarien 55 Plan E3

Si l'idée d'un curry de pois chiches à la menthe vous emballe, filez dans ce restaurant végétarien et bohème perdu dans la Mouraria. Dans la salle bleu ciel ou sur la paisible place, soupes de légumes, tapas/*petiscos* et petits plats du jour ravissent les papilles et changent chaque jour. Également des options végétaliennes.

Beco do Jasmim, 18, M° Martim Moniz • ☏ 218 874 397 • www.thefoodtemple.com • Mer.-dim. 19h30-22h30 • Tapas/petiscos, plats du jour : 5-7 €.

O das Joanas

Café 56 Plan E2

La terrasse de ce petit café branché invite à s'attarder devant la Fábrica Viúva Lamego (voir p. 105), l'une des plus belles façades d'azulejos de la ville. Au menu, des tartines, des salades, des assiettes de fromages et de charcuterie, et des pâtisseries portugaises. Les amateurs d'art contemporain découvriront, sur la place, le *Jardin en kit*, œuvre de Joana Vasconcelos.

O Zé da Mouraria

Largo do Intendente Pina Manique, 28, tram 28E, arrêt Rua da Palma • ☏ 218 879 401 • Lun. 9h-minuit (23h mer., jeu. et dim.), ven. et sam. 9h-2h • Tartine : 3-5 €.

Tentações de Goa

Indien 57 Plan E3

Ce restaurant est l'un des meilleurs indiens de Lisbonne et a déjà raflé plusieurs prix gastronomiques. En entrée, goûtez les excellents *chamuça* (samoussa), le *bhaji puri* ou les *bojés* (boulettes frites au chutney), puis le *caril de camarão com quiabos* (curry de crevettes) ou le *xacuti de frango* (poulet).

Rua do São Pedro Mártir, 23, M° Martim Moniz ou Rossio • ☏ 218 875 824 • Facebook : Tentações de Goa • Lun. 19h-22h, mar.-jeu. 12h-15h et 19h-22h, ven.-sam. 12h-15h et 19h-23h, f. j.f. • Plat : 10-15 € • Résa conseillée, surtout le soir.

VOIR AUSSI P. 105 :

O Corvo 58

Bars, clubs Sorties

Topo

Rooftop bar 45 Plan E3

Perché au 6e étage d'un centre commercial sans âme, Topo compte parmi les rooftops les plus cool de la ville. La terrasse toute habillée de bois offre une vue extraordinaire sur la Mouraria, Graça et le château São Jorge. Des DJ déballent leurs platines le soir et à l'intérieur, un long comptoir en bois fait office de table pour dîner et de bar à cocktails.

Praça Martim Moniz, Centro Commercial Martim Moniz (6e ét.), M° Martim Moniz • ☏ 215 881 322 • www.facebook.com/topolisboa • Dim.-mer. 12h30-minuit, jeu. 12h30-1h, ven.-sam. 12h30-2h• Cocktails : 8,50-13 €.

Botequim

Café 46 Plan F3

Lieu de réunion des intellectuels dans les années 1970 et 1980, Botequim est aujourd'hui un adorable café bohème niché au rez-de-chaussée de la Vila Sousa (voir p. 104), à deux pas du miradouro da Graça. De délicieux *petiscos* dans la tendance locavore (tout est produit localement), de la bonne musique, une ambiance 100 % authentique et des conversations joyeuses... Que demander de plus ?

Largo da Graça, 79, tram 28E, arrêt Rua de Graça • ☏ 218 888 511 • Facebook : Botequim • Ven.-mer. 11h30 • Mojito : 4 €.

Mundial Hotel Rooftop Bar

Rooftop bar 47 Plan E3

Perché sur le toit du Mundial Hotel, ce bar-restaurant lounge risque bien de vous étourdir avec son panorama spectaculaire sur Lisbonne. D'un côté, la colline de l'Alfama et le Castelo, de l'autre, la colline du Bairro Alto, et en face, la Baixa et le Tage à vos pieds... Cerné de

Lisboètes sur leur 31, prenez place sur un sofa confortable…

Mundial Hotel, praça Martim Moniz, 2, M° Rossio, tram 12E ou 28E, arrêt Martim Moniz • ✆ 218 842 000 • Facebook : Hotel Mundial • Été : t.l.j. 18h-00h30 ; hiver : t.l.j. 16h-00h30 (23h30 en hiver) • Cocktail : 9-13,50 €.

Damas

Bar, concerts 48 Plan F3

Son rock ou électro, musique expérimentale ou africaine, faune cool et branchée, cuisine du monde… La jeunesse lisboète a toujours une bonne raison d'aller au Damas, un bar et une salle de concerts (jeu.-sam.) installés dans les anciens locaux d'une boulangerie industrielle de Graça.

Rua da Voz do Operário, 60, tram 28E, arrêt Graça • ✆ 964 964 416 • Facebook : Damas Bar Sala de Concertos • Mar.-jeu. 13h-2h, ven. 18h-4h, sam. 13h-4h, dim. 18h-minuit • Entrée : gratuite.

Maria da Mouraria – Casa da Severa

Fado 49 Plan E3

La première *fadista* de l'histoire, Maria Severa Onofriana, décédée à 26 ans en 1846, est née dans cette maison. Sous l'égide du museu do Fado (voir p. 94), le lieu a été transformé en petite *casa do fado* avec seulement une poignée de tables. Plusieurs sets de fado accompagnent le dîner à partir de 21h, et jusqu'à 1h si le cœur vous en dit ! Une adresse aussi sérieuse qu'intimiste au cœur de la Mouraria populaire.

Largo da Severa, 2/2B, M° Martim Moniz • ✆ 218 860 165 ou 934 450 130 • www.mariadamouraria.pt • Mar.-dim. 20h-2h • Fado à 21h • Menu dîner + concert 50 € - Résa conseillée, espèces seul.

Casa Independente

Café-concert 50 Plan E2

Un palais de la Mouraria reconverti en café-concert par trois jeunes Lisboètes. On y va pour découvrir la scène locale, du rock au fado, papoter dans un salon meublé façon récup, grignoter de délicieux *petiscos* ou siroter un verre dans le *biergarten*. Une adresse hors des sentiers battus et 100 % lisboète !

Largo do Intendente Pina Manique, 45 (1er ét.), M° Intendente • ✆ 218 872 842 • www.casaindependente.com • Mar.-sam. 18h-minuit • Bière : env. 2 €.

Hôtels B&B

1908 Lisboa Hotel

Des chambres design dans un superbe immeuble Art Nouveau de 1908, entouré des cafés cool d'Intendente, le petit quartier qui a le vent en poupe.

Largo do Intendente Pina Manique, 6, M° Intendente • ✆ 218 804 000 • www.1908lisboahotel.com • 116-225 €.

Shopping Cadeaux

A Vida Portuguesa

Souvenirs et cadeaux 49 Plan E2

Un parfum de *saudade* embaume cette boutique de souvenirs logée dans une ancienne fabrique d'azulejos. Papeterie, cosmétiques (savon artisanal env. 5 €), gourmandises, ustensiles de cuisine, jouets en bois ou vêtements, on ne trouve ici que des objets portugais touchants et poétiques, souvent oubliés et remis sur le devant de la scène, ou issus de la jeune création portugaise.

Largo do Intendente Pina Manique, 23, M° Intendente • ☎ 211 974 512 • www.avidaportuguesa.com • T.l.j. 10h30-19h30.

Autre adresse : rua Anchieta, 11 • ☎ 213 465 073 • Lun.-sam. 10h-20h, dim. et j.f. 11h-20h.

Activités Détente

Faire du yoga sur les toits

Du yoga **sur le toit-terrasse d'un hôtel, dans un parc ou sur un belvédère...** Plutôt perchée comme idée, non ? C'est la proposition originale de trois profs passionnées de yoga et amoureuses de Lisbonne. Le cours a lieu chaque jour dans un lieu différent.

www.rooftopyogalisboa.com

NOS ROOFTOPS PRÉFÉRÉS

Pour goûter à la magie de Lisbonne la nuit, grimpez sur les toits pour siroter un vinho verde ou un cocktail au clair de lune. Ambiance lounge ou festive.

Rossio Gastrobar

Une vue de rêve sur le Castelo, un look Art déco, des cocktails d'auteur et de délicieux petits plats gastros. Savoureux !

Voir p. 32, quartier Le Rossio.

Park

Une terrasse arborée insoupçonnée et un coucher de soleil inoubliable…

Voir p. 78, quartier Cais do Sobré et Bica.

Mundial Hotel Rooftop Bar

Une grande terrasse lounge suspendue entre le Castelo et le Bairro Alto. Le panorama est aussi étonnant que spectaculaire.

Voir p. 104, quartier Graça et la Mouraria.

Topo

Rooftop jeune et branché baigné de décibels. À faire plutôt de nuit pour la superbe vue sur le Castelo.

Voir p. 104, quartier Graça et la Mouraria.

Park

Sky Bar

Ambiance chic doublée d'une vue époustouflante sur la coulée verte de l'Avenida da Liberdade.

Voir p. 148, quartier Rato et Amoreiras.

Rio Maravilha

La terrasse la plus courue de la LX Factory pour faire coucou au Cristo Rei et presque toucher du doigt le pont du 25-Avril.

Voir p. 122, quartier Lapa et Alcântara.

SÃO VICENTE ET SANTA APOLÓNIA

9

Réviser les *Fables* de La Fontaine dans un monastère, chiner ou rendre hommage à la grande fadista Amália... autant de raisons d'explorer ce quartier niché entre l'Alfama et Graça. En descendant vers le Tage, on retrouve la Lisbonne des docks autour de la gare Santa Apolónia, où les entrepôts du Cais da Pedra se sont métamorphosés en restaurants branchés qui invitent à s'attarder au bord de l'eau, à l'ombre des grands paquebots de croisière.

Marché aux puces Santa Engrácia

1 Mosteiro de São Vicente de Fora✦✦

Le premier monastère dédié à saint Vincent remonte au XIIe s., date à laquelle il accueillit le futur Antoine de Padoue (p. 92) pendant les premières années de son engagement spirituel. C'est sur ce site que l'actuel bâtiment a été édifié au XVIe s. Malgré les cloîtres successifs couverts d'azulejos bleu et blanc représentant les *Fables* de La Fontaine et la prise de Lisbonne aux Arabes, l'ambiance est assez austère. L'église impressionne par ses volumes et sa voûte maniériste.

Largo de São Vicente • **Monastère** ✆ *218 810 500 ou 218 824 400* • *Mar.-dim. 10h-18h* • *Entrée : 5 €* • **Église** *: mar.-ven. 8h30-13h et 14h30-17h, sam.-dim. 9h-12h* • *accès libre.*

2 Mercado de Santa Clara✦

Inauguré en 1877, le premier marché couvert de Lisbonne prête son architecture de fer et de verre à divers événements culturels et

Mosteiro de São Vicente de Fora

artistiques de la ville, à quelques échoppes d'antiquités, de mode et d'artisanat, ou de vieilleries en tout genre. Il faut y venir un mardi ou un samedi quand le campo de Santa Clara s'anime de la célèbre **feira da Ladra** ou « foire à la voleuse », le marché aux puces historique de Lisbonne.

Campo de Santa Clara.

3 Igreja de Santa Engrácia - Panteão Nacional✦

Il aura fallu pas moins de trois siècles pour achever cette église massive et peu esthétique. D'où l'expression populaire *« obra de Santa Engrácia »* pour désigner les travaux qui traînent en longueur. L'intérieur de ce **Panthéon national** abrite les cénotaphes de grands hommes du pays dont Henri, dit « le Navigateur », Afonso de Albuquerque et Vasco da Gama, mais également le tombeau de la *fadista* Amália Rodrigues (1920-1999), la première femme à y avoir été inhumée.

Campo de Santa Clara • ☏ 218 854 820 • www.panteaonacional.gov.pt • Avr.-sept. : mar.-dim. 10h-18h; oct.-mars : mar.-dim. 10h-17h; f. 1er janv., dim. de Pâques, 1er mai, 13 juin, 24 et 25 déc. • Entrée : 4 €.

4 Museu da Água✦✦

Avec la croissance de Lisbonne au XIXe s., l'aqueduc das Águas Livres (p. 150) ne suffisait plus pour distribuer l'eau. Une deuxième source fut captée en dehors de la ville et acheminée ici de 1880 à 1930. Le **musée de l'Eau** a conservé intacte sa station de pompage, avec ses quatre pompes en état de fonctionnement – la démonstration est un moment phare de la visite.

Rua do Alviela, 12 • ☎ 218 100 215 • Facebook : Museu da Água • Mar.-dim. 10h-12h30, 13h30-17h30; f. j.f. • Entrée : 4 €, vis. guidée sur résa.

Pause au jardin : Clara Clara Café

Ce joli kiosque et ses quelques tables plantées dans un petit jardin romantique offrent une pause paisible à l'ombre des jacarandas. Bercé de musique douce, on y picore salades, sandwichs, tartines ou petits gâteaux en compagnie des bobos du coin, avec pour décor le Tage et le dôme gracieux du Panthéon.

62 ***Jardim Botto Machado, Campo de Santa Clara • ☎ 218 850 172 • T.l.j. 10h-21h (19h nov.-juin) • Tartine, sandwich : 3-4,50 €.***

5 Museu Nacional do Azulejo⁺⁺⁺

Lorsque vous atteindrez l'**igreja da Madre de Deus,** ne passez pas votre chemin, car ce couvent manuélin abrite le fameux **musée de l'Azulejo.** Vous y découvrirez ces magnifiques carreaux de faïence (p. 120), depuis leurs débuts mauresques au XVe s. jusqu'à nos jours. Fondé par la reine dona Leonor en 1509, ce couvent fut détruit par le tremblement de terre de 1755. Reconstruit au XVIIIe s. dans le style baroque, il ne reste que l'église pour témoigner de l'exubérance décorative de l'époque. Vous flânerez de cloître en cloître à la découverte des premiers carreaux d'inspiration mauresque jusqu'aux azulejos contemporains.

Le portail manuélin

Restauré par le sculpteur João Maria Nepomuceno en 1872, ce portail est encadré par deux piliers formés de colonnettes torses et coiffé des emblèmes de dona Leonor et du roi João II.

L'église

Commencez la visite par le chœur, puis jetez un coup d'œil à son plafond recouvert de peintures des XVIe et XVIIe s. Dans les bas-côtés sont exposés des carreaux sévillans du XVIe s. Les azulejos de la sacristie sont l'œuvre de Nuno Gonçalves (XVe s.).

Igreja da Madre de Deus

Le petit cloître manuélin

Vestige du couvent d'origine, il est tapissé de magnifiques faïences d'inspiration mudéjare aux motifs géométriques et floraux, ajoutées au XVIIe s.

Vue de Lisbonne

Dans la salle au 2e étage, un immense panneau d'azulejo bleu et blanc représente Lisbonne avant le séisme. Ce panneau du XVIIIe s., fut attribué sans certitude à Gabriel del Barco. Après la visite du musée, installez-vous dans l'élégant patio pour déguster salades, quiches ou crêpes.

Rua da Madre de Deus, 4 (bus 718, 742 ou 794, arrêt Igreja Madre de Deus) • ☎ 218 100 340 • www.museudoazulejo.gov.pt • Mar.-dim. 10h-18h; f. dim. de Pâques, 1er mai, 13 juin, 24-25 déc. et vac. du Nouvel An • Entrée : 5 €.

Restos Bistrots

Faz Figura

Portugais 60

Un restaurant chic situé dans l'un des quartiers les plus typiques de Lisbonne. La terrasse offre une vue panoramique sur la ville et le fleuve. Vous y dégusterez une cuisine portugaise de qualité autour du poisson et des fruits de mer.

Rua do Paraíso, 15B, M° Santa Apolónia • ☎ 218 868 981 • www.fazfigura.com • Mar.-dim.n. 12h30-15h, 19h-23h, mar.-dim. 12h30-23h30 • Plat : 11-40 €, petiscos : 6-13 €.

DeliDelux

Sur le pouce 61

Cette épicerie tendance occupe un entrepôt rénové du Cais da Pedra, où les bateaux de croisière viennent jeter l'ancre. Ses rayons alignent conserves, alcools, chocolats et autres douceurs au conditionnement chic. Flanqué d'une terrasse, son café propose des plats renouvelés chaque jour en semaine. Brunch très couru le week-end !

Av. Infante D. Henrique, Armazém B, Loja 8 • ☎ 218 862 070 • www.delidelux.pt • T.l.j. 10h-20h • Plat : à partir de 12 €; brunch : à partir de 15 €.

VOIR AUSSI P. 115 :

Clara Clara Café 62

Delidelux

Lux Frágil

Bars, clubs Sorties

Ferroviário

Bar restaurant 51

Avec sa déco tropicale semée de palmiers, de bananiers et de fauteuils en rotin, l'immense terrasse du Ferroviário est un must pour capter les derniers rayons du soleil face au Tage. Cinéma en plein air, concerts et expos d'art animent cet ancien club privé de cheminots où se côtoient deux scènes, un bar et un auditorium.

Rua de Santa Apolónia, 59, M° Santa Apolónia • ✆ 217 651 869 • Facebook : Ferroviario • Ven. 16h-minuit, sam.-dim. 11h-minuit • Cocktail : env. 10 €.

Lux Frágil

Club 52

Sur les quais de Santa Apolónia, la crème des DJ électro, des dancefloors électriques et une terrasse spectaculaire sur le Tage : c'est LE club de la ville, propriété de John Malkovich, incontournable de la nuit lisboète fréquenté par les branchés, les stars et les mannequins. Pour avoir une chance d'entrer, misez sur un look stylé, évitez de venir en groupe (surtout de garçons !) et arrivez plus tôt que les Lisboètes, même si le club est vide avant 2h.

Cais da Pedra, av. Infante Dom Henrique, armazém A, M° Santa Apolónia • ✆ 218 820 890 • www.luxfragil.com • Jeu.-sam. 23h-6h • Entrée : 12-15 €.

Shopping Cadeaux

Feira da Ladra

Souvenirs et cadeaux 50

Vieux vinyles, céramiques, livres poussiéreux, fripes, cartes postales sépia et objets déco kitschissimes sont éparpillés à même le sol… La « foire à la voleuse » est un vrai bric-à-brac de vieilleries en tout genre qui vaut plus pour l'ambiance que pour la chine. Mais si vous cherchez bien, vous ferez des trouvailles.

Campo de Santa Clara • ✆ 219 233 919 ou 218 170 800 • Mar. et sam. 9h-18h.

Porta 16

Souvenirs et cadeaux 51

L'échoppe de ces quatre créatrices fourmille de jolis objets artisanaux : céramiques colorées à partir de 5 €, illustrations, porte-monnaie de grand-mère, sacs et peluches en tissu, bijoux en terre cuite émaillée… Prix tout doux pour cadeaux mignons et uniques.

Rua de São Vicente, 28, tram 12E ou 28E, arrêt São Tomé • ✆ 964 540 428 • Facebook : Atelier Porta 16 • Lun.-sam. 11h-17h.

LES PLUS BELLES TERRASSES

Si vous n'avez pas bu un verre en terrasse au soleil couchant, vous n'avez pas vraiment profité de Lisbonne... De la vue sur le Tage à l'adresse insoupçonnable, en voici pour tous les goûts.

Topo Chiado

Pour *chiller* au pied de l'église du Carmo en contemplant l'elevador de Santa Justa et le Castelo.

Voir p. 42, quartier Le Chiado.

Noobai

Trois petites terrasses empilées avec vue sur le Tage et le pont du 25-Avril.

Voir p. 78, quartier Cais do Sobré et Bica.

Lost In

La terrasse la plus zen de Lisbonne avec ses parasols et sa vue imprenable sur le Castelo.

Voir p. 66, quartier De Príncipe Real à São Bento.

Noobai Café

Lost in

Memmo Alfama Hotel

Plusieurs petites terrasses lounge perchées sur le Tage, au milieu des toits rouges de l'Alfama.

Voir p. 88, quartier L'Alfama et le castello São Jorge.

Ferroviário

Un immense et superbe balcon sur le Tage, à l'ambiance tropicale.

Voir p. 112, quartier São Vicente et Santa Apolónia.

LES AZULEJOS

Jusqu'au XVIe siècle, les Portugais importent des carreaux de faïence fabriqués à Séville par les artisans maures. L'arrivée d'artistes italiens à Lisbonne vers 1550 permet de combiner le support du carreau très en vogue et la technique de la faïence émaillée : l'azulejo portugais est né, et promis à un bel avenir !

Un art décoratif omniprésent

En 1580, le Portugal est sous la dépendance de l'Espagne ; la Cour et son cortège d'artistes résident alors à Madrid. Au Portugal, les fonds manquent et l'Église est le seul client. L'azulejo, peu cher et facile d'entretien, remplace alors tableaux, tapis, sculptures et bas-reliefs. Puis, l'on y prend goût et l'on en couvre les églises, les hôpitaux, les palais, les villas. L'azulejo gagne les terrasses, les jardins et les façades. Aujourd'hui, il reste le matériau de prédilection de la décoration portugaise.

Les mots pour le dire

***Azulejo* : vient du persan *Az-zulaïj,* qui signifie « pierre polie ». Prononcez « azoulé-jou » avec un « j » à la française.**
***Padrão* : motif effectué sur quatre azulejos (ou 16 ou 32...), répété à l'infini.**
***Painel* (pl. *painéis*) : signifie « puzzle » et désigne plusieurs carreaux peints ensemble et formant un tableau.**

Couleurs et motifs à travers les siècles

XVIe et début XVIIe s. : polychromie, motifs figuratifs.

XVIIe s. : bleu et jaune, géométriques, *padrão.*

Fin XVIIe, milieu XVIIIe s. : bleu et blanc, *figura avulsa* (fleurs, oiseaux...) et *painéis* représentant des scènes de Cour, de chasse, des fêtes galantes, la vie de saints.

Milieu XVIIIe et XIXe s. : polychromie, *registros* et *painéis* (scènes de genre, thèmes de la vie quotidienne et du commerce).

XXe s. : polychromie, motifs contemporains, abstraits.

Aujourd'hui comme hier

On part toujours d'un **support d'argile** mis au carré et cuit entre 850 et 1 000 °C, puis **recouvert d'émail** cru. Le motif est alors décalqué au graphite et peint avec des oxydes métalliques à l'aide de pinceaux en poils d'oreilles de bœuf, en prenant soin de ne jamais le toucher avec les mains. Avant la cuisson, les bleus (cobalt) sont souvent mauves, et les verts (cuivre) grisâtres : seuls les jaunes (antimoine) et les bruns (manganèse) se reconnaissent. Les *painéis* sont peints sur de grands chevalets et, une fois finis, ils sont démontés, numérotés et disposés sur des plaques à l'intérieur du four.

Savoir les reconnaître

La valeur de l'azulejo dépend du support et du motif décoratif. En général, les **carreaux industriels** sont imprimés automatiquement (pour les grandes surfaces), ou au pochoir (pour les frises), mais ils peuvent aussi être peints à la main (pour les objets décoratifs). Les **carreaux manuels ou semi-manuels** sont toujours peints à la main. Pour les reconnaître, examinez les dessins et les couleurs : un carreau peint à la main ne sera jamais parfait, c'est ce qui fait son charme ! Manuels et semi-manuels ont un fond rosé ou jaune irrégulier, avec un aspect bosselé. Les carreaux industriels ont un fond blanc ou crème, régulier.

Ouvrez les yeux !

- **Les plus belles façades : casa do Ferreira das Tabuletas (voir p. 43), fábrica Viúva Lamego (voir p. 105).**
- **Les plus beaux carreaux : museu nacional do Azulejo (voir p. 115), igreja de São Roque (voir p. 56), mosteiro de São Vicente (voir p. 112), mosteiro dos Jerónimos (voir p. 135), convento dos Cardaes (voir p. 67), museu de Lisboa (voir p. 158), palácio dos Marqueses de Fronteira (voir p. 160), palácio nacional de Sintra (voir p. 166).**

Padrão classique

LAPA
ET ALCÂNTARA

10

Le long du Tage, entre Cais do Sodré et Belém, une halte s'impose au museu nacional de Arte Antiga, dans l'élégant quartier de Lapa, truffé de belles demeures et de palais du XIXe. Plus loin, le quartier des docks, en pleine métamorphose, attire les créateurs avec son ambiance industrielle, ses fresques street art et ses entrepôts reconvertis en lieux branchés. Au pied du pont du 25-Avril, les friches de la LX Factory sont même devenues l'un des sites les plus en vogue de Lisbonne.

1 Museu Nacional de Arte Antiga✦✦✦

Avant de flâner dans le quartier de Lapa, prévoyez la visite de l'ancien palais des comtes d'Alvor, aussi appelé palácio das Janelas verdes (« palais des Fenêtres vertes »). Il renferme le plus grand musée du Portugal, inauguré en 1884, et abrite la plus belle collection d'art du pays. Outre ses nombreux chefs-d'œuvre étrangers et portugais (Tiepolo, Dürer, Poussin, Zurbarán, Vasco Fernandes…), il doit sa réputation à deux œuvres remarquables : le polyptyque de *Saint-Vincent-hors-les-murs,* peint par Nuno Gonçalves, et *La Tentation de saint Antoine* de Jérôme Bosch (v. 1500), fascinant triptyque. À voir aussi, cette étonnante fontaine à deux têtes (XVIe s.), une énigme…

Face au musée, admirez la grandiose **chafariz das Janelas verdes** (« fontaine des Fenêtres vertes »), avec Vénus et Cupidon.

L'art portugais

Parmi la multitude d'œuvres d'art portugaises présentées ici, vous pourrez admirer un étonnant *Christ voilé* du XVe s. et le triptyque de Vasco Fernandes illustrant *La Descente de Croix, Saint François* et *Saint Antoine*, exemple du maniérisme portugais. C'est cependant le polyptyque de *Saint-Vincent-hors-les-murs (Painéis de São Vicente*; v. 1470-1480), saint patron de Lisbonne, qui est l'œuvre maîtresse du musée. Dans cette œuvre de Gonçalves, peintre attitré du roi Afonso V, on découvre la famille royale au complet, entourée des grands ordres monastiques, des chevaliers et de la Cour. Cette galerie de portraits géante traduit sa vision du réalisme, presque flamande. Évoluant dans une composition abstraite, chaque visage est doté d'une expression choisie.

La peinture européenne

La collection étrangère est exposée par école et par ordre chronologique. L'école espagnole est représentée par Velázquez, Ribera et Zurbarán, tandis que la peinture italienne rend hommage à Giambattista Tiepolo. Enfin, les écoles flamande et allemande sont représentées par *Saint Jérôme en prière*, l'une des plus célèbres toiles de Dürer, et *La Tentation de saint Antoine*, illustration fantastique de Jérôme Bosch.

Polyptyque de Saint-Vincent-hors-les murs, museu nacional de Arte antiga

Les arts décoratifs orientaux

Ce département doit sa richesse aux grands navigateurs qui dénichaient, aux quatre coins du monde, divers objets insolents d'exotisme. Ainsi, fourmille-t-il de porcelaines chinoises et japonaises, de meubles indo-portugais, de céramiques et de coffrets peints remplis de bijoux. À ne pas manquer, les superbes paravents japonais dorés à la feuille.

Rua das Janelas Verdes • ☏ 213 912 800 • www.museudearteantiga.pt • Mar.-dim. 10h-18h; f. 1er janv., dim. de Pâques, 1er mai, 13 juin et 25 déc. • Entrée : 6 €.

② Casa do Visconde de Sacavém✦

C'est sous l'impulsion du caricaturiste et céramiste Rafael Bordalo Pinheiro (1846-1905), premier créateur de bandes dessinées portugais, que se développa à la fin du XIXe s. la mode des azulejos en relief avec des éléments décoratifs naturalistes (fleurs, fruits, feuillages…). La demeure du vicomte de Sacavém est l'un des plus beaux exemples de ce style. Sur la façade, on retrouve pêle-mêle cordages manuélins, azulejos traditionnels et carreaux en forme de grappe de raisin ou de pomme.

***Rua do Sacramento à Lapa, 22-28* • Ne se visite pas.**

Astuce

Pour accéder au fleuve et au quai de Santo Amaro, empruntez le passage souterrain de la station Alcântara-Mar.

③ Museu do Oriente✦✦✦

Aménagé dans un ancien entrepôt frigorifique, ce musée fait la part belle aux œuvres d'Extrême-Orient. Plongé dans une semi-pénombre, le visiteur découvre sous un éclairage savamment étudié une multitude d'objets issus des arts traditionnels asiatiques. Au cours de la visite, une démonstration explique les liens tissés entre les deux cultures au fil des explorations passées. Des spectacles sont également organisés au sein du musée sur le thème de l'Orient.

Av. de Brasília, 352; Doca de Alcântara (N) • ☏ 213 585 200 • www.museudo oriente.pt • Mar.-jeu. et sam.-dim. 10h-18h, ven. 10h-20h; f. 1er janv. et 25 déc. • Entrée : 6 €; gratuit ven. 18h-20h.

Museu do Oriente

4 Doca de Alcântara et Doca de Santo Amaro✦

Comme Londres et Amsterdam, Lisbonne a réhabilité ses quais. Quelques clubs, où les fêtards se ruent à la tombée de la nuit, occupent la partie est du dock d'Alcântara. En journée, il fait bon flâner du côté de Santo Amaro, au pied du pont du 25-Avril. Les entrepôts du petit port de plaisance ont été transformés en bars et restaurants qui, il faut bien l'avouer, manquent cruellement d'âme. Mais malgré le bruit dû à la circulation sur le pont, la balade reste agréable.

Pause à la bonne franquette : la Cantina

Tout le monde se croise dans ce vieil entrepôt qui abrite la populaire Cantina et sa déco façon brocante. On s'y retrouve autour de grandes tables en bois usé, où l'on partage une cuisine sans façon : viandes et poissons cuits dans un four à bois et des options végétariennes.

70 *À l'entrée de la LX Factory • ☏ 213 628 239 • www.cantinalx.com • T.l.j. sauf lun. 12h-23h • Plat : env. 10-20 €.*

5 LX Factory✦✦✦

Voici un petit village créatif où l'on vient flairer les dernières tendances ! Ces friches industrielles oubliées pendant des années ont été investies par des showrooms de designers, des galeries d'art, des boutiques de mode et de déco, la superbe librairie **Ler Devagar** (p. 140) et des restaurants. Sur les façades des entrepôts s'affichent de nombreuses œuvres d'artistes de rue de talent. Le dimanche, on vient chiner fripes, bijoux de créateurs ou vieilles babioles sur les étals en plein air du **LX Market,** le marché aux puces des branchés. Concerts, expos, fêtes et ateliers y sont organisés. Agenda sur le site Internet.

Rua Rodrigues de Faria, 103 • ☏ 213 143 399 • www.lxfactory.com • T.l.j. 9h-2h • LX Market : dim. 10h-18h.

Marché aux puces de LX Factory

6 Museu da Carris✦

Fondée en 1872, la société de transport de Lisbonne vous invite à voyager dans le temps. Son **musée des Transports publics** retrace l'histoire de leur développement dans la capitale à l'aide de documents divers, photographies, vieux tickets et uniformes. L'entrepôt abrite quant à lui de superbes bus et tramways anciens.

Rua Primeiro de Maio, 101-103 • ☏ 213 613 087 • http://museu.carris.pt • Lun.-sam. 10h13h et 14h-18h; f. j. fériés • Entrée : env. 5 €.

7 Centro Científico e Cultural de Macau✦

Inauguré en 1999 lors de la rétrocession de Macao à la Chine, le centre abrite un musée évoquant l'histoire du port chinois aux XVIe et XVIIe s., sous la domination portugaise. La plus belle collection d'art chinois du pays comprend objets funéraires, céramiques, porcelaines, peintures et tout le nécessaire du fumeur d'opium.

Rua da Junqueira, 30 • ☏ 213 617 570 • www.cccm.pt • Mar.-sam. 10h-17h30 ; f. 1er janv., Vendredi saint, dim. de Pâques, 1er mai et 25 déc. • Entrée : 3 €.

8 Ponte 25 de Abril✦✦

Construit en 1966 sous le régime de Salazar, il fut le premier pont suspendu au-dessus du Tage. Ouvrage exceptionnel pour l'époque, réalisé en un temps record (quatre ans), il s'étend sur 3 km, dont deux au-dessus du fleuve, atteint 100 m de haut et assoit ses fondations à plus de 80 m de profondeur. Il relie les banlieues d'Almada et de Cacilhas à Lisbonne, et le trafic atteint plus de 160 000 véhicules par jour !

9 Expêriencia Pilar 7✦

Engouffrez-vous dans le gigantesque pilier n° 7 du pont du 25-Avril et plongez dans l'histoire et la construction de ce géant de fer. Prenez ensuite l'ascenseur jusqu'au niveau du tablier où un belvédère transparent suspendu à 80 m au-dessus du vide livre un panorama inédit sur le pont et le Tage.

Av. da Índia, pilier 7 du ponte 25 de Abril • ☎ 211 117 880 • www.visitlisboa.com • Tlj 10h-20h (18h oct.-avr.) • Entrée : 5 €.

Balade street art

Le quartier d'Alcântara est un must pour les amateurs d'art urbain. Rua de Cascais, un long mur peint arbore le visage sculpté de la star lisboète Vhils et un papillon de Bordalo II, célèbre pour ses animaux en objets de récup'. Une de ses abeilles s'est posée dans les friches de LX Factory, terrain de jeu des street- artistes. Les conteneurs et bus empilés du Village Underground voisin ont été mis en couleurs par AkaCorleone (Av. da Índia). Du côté de la calçada da Tapada, les piliers du pont se prêtent aux fantaisies de nombreux artistes.

Restos | Bars | Hôtels | Shopping | Activités

Restos Bistrots

Village Food

Café 63

Perché sur l'un des containers empilés du Village Underground Lisboa, un espace de coworking décalé pour jeunes créateurs, ce café aménagé dans un vieux bus à impériale sert salades fraîches, wraps, hamburgers, toasts rapides et propose un brunch le week-end. Rien de miraculeux dans l'assiette mais un cadre original et une vue imprenable sur le pont du 25-Avril.

Village Underground Lisboa, Avenida da Índia, Edifício n° 23 • ☎ 911 115 533 • Lun.-mar 11h-20h (mer.-sam 23h) • Snack, salades : 2-10 €, brunch 18 €.

A Travessa

Portugais et belge 64 Plan B5

Installé dans le cloître d'un ancien couvent, A Travessa propose une cuisine portugaise et belge recherchée et un pain sorti du four qu'utilisaient jadis les religieuses. Chic et irréprochable.

Travessa do Convento das Bernardas, 12, tram 25E, arrêt Rua de São João Da Mata • ☏ 213 902 034 • www.atravessa.com • Lun.-sam. 19h30-minuit; f. 13-26 janv. • Plat : 24-45 €.

A Merendeira

Fast food portugais 65 Plan C5

Un coup de mou vers 5h du matin? Qu'à cela ne tienne! Que vous vouliez continuer votre nuit ou vous remplir l'estomac pour bien dormir, cet endroit sert l'authentique et rustique *caldo verde* ou soupe au chou (2 €), dans laquelle vous plongerez avec bonheur un pain au chorizo (2,50 €) tout juste sorti du four. Spécialités locales et rendez-vous des noctambules de tout poil garantis!

Av. 24 de Julho, 54G, tram 15E ou 18E, ou train Estação Santos, arrêt Santos • ☏ 213 972 726 • www.amerendeira.com • Lun.-ven. 11h-7h, sam.-dim. 19h-7h • Menu soupe + pain au chorizo : 3,50 €.

1300 Taberna

Portugais moderne 66

Non loin de l'entrée de la LX Factory (p. 126), cette grande taverne a des airs de loft industriel. De la grande cuisine ouverte sortent des plats portugais actuels à base de produits bio : gaspacho de framboises et de maquereau fumé (9 €), pâtes fraîches aux champignons et cacahuètes, joues de porc aux abricots…

Rua Rodrigues de Faria, 103, LX Factory, tram 15E ou 18E, arrêt Calvário • ☏ 213 649 170 • www.1300taberna.com • Mar.-sam. 12h30-23h, dim. 12h30-16h • Plat : 14-21 €.

Osteria

Italien 67 Plan B4

Les Lisboètes aiment cette taverne italienne de Madragoa, où Chiara et Tânia cuisinent comme pour leurs amis. Un lieu où l'on aime se retrouver pour partager *petiscos* et *sangria*, ou s'attarder autour d'assiettes traditionnelles accompagnées de vins italiens.

Rua das Madres, 52-54, tram 25E, arrêt Conde Barão • ☏ 213 960 584 T.l.j. 12h30-16h et 19h30-minuit (lun. le soir seul.)• Plat : env. 10 € • Résa conseillée.

Osteria

Landeau Chocolate

Café pâtisserie 69

Décor industriel en phase avec la LX Factory (p. 126) pour cet incontournable de la pause goûter. On s'y arrête avant tout pour son sublime gâteau au chocolat. Moelleux et mousseux à souhait, il a été qualifié de « diaboliquement bon » par le *New York Times* et les Lisboètes en raffolent. Parfait avec un *bica* (café) !

LX Factory, Rua Rodrigues Faria, 103 • ☏ 917 278 939 • www.landeau.pt • T.l.j. 11h-20h • Part de gâteau : 3,70 €.

VOIR AUSSI P. 125 :

Cantina 70

Bars, clubs Sorties

Le chat

Bar 53 Plan A5

Après avoir visité le musée d'Art ancien, vous pourrez grignoter salades, sandwichs ou *petiscos* dans ce bar-esplanade. De la terrasse presque suspendue au-dessus du Tage, vue fantastique sur les docks de Lisbonne. Si vous n'êtes pas fan de friches industrielles, revenez le soir pour un cocktail (7-15 €) quand le pont du 25-Avril s'illumine… Vous serez conquis.

Jardim 9 de Abril (accès près de l'entrée du museu de Arte antiga) • ☏ 213 963 668 • Lun.-jeu. et dim. 12h30-minuit, ven.-sam. dim. 12h30-1h.

Institut français du Portugal

Centre culturel 55 Plan B5

Axé sur le dialogue franco-portugais et la création contemporaine, ce centre culturel propose des projections de films en français, des spectacles de théâtre de poche ainsi que des concerts.

Rua Santos-O-Velho, 11, bus 25E • ✆ 213 999 270 • www.ifp-lisboa.com •Mar., mer. et ven. 14h-19h, sam. 10h-13h (horaires de la médiathèque).

Sr. Vinho

Fado 56 Plan B4

Une adresse de fado bien connue grâce à la renommée de sa propriétaire, Maria da Fé (voir p. 102). Tous les soirs, quatre chanteurs et chanteuses se succèdent sous la direction artistique de cette grande dame du fado qui, hélas, ne chante plus.

Rua do Meio à Lapa, 18, tram 25E, arrêt Rua Santana à Lapa, bus 713, arrêt Lapa • ✆ 213 972 681 • www.srvinho.com • Jeu.-sam. 20h-2h • Fado : t.l.j. à 21h • Dîner : env. 50 €

Plateau

Club 57 Plan B5

Lieu mythique, le Plateau est la première discothèque à avoir ouvert ses portes sur les bords du Tage, bien avant l'arrivée des grands clubs. Décorée de bouddhas, elle est fidèle à sa vocation originale : pop-rock international (mâtiné années 1980), ce qui lui vaut une clientèle d'habitués.

Escadinhas da Praia, 7, tram 25E, arrêt Santos-O-Velho • ✆ 213 965 116 • Facebook : Plateau (Oficial) • Mer. et ven.-sam. minuit-6h • Boisson : 10-20 €.

Hôtels B&B

York House

Noyé dans la végétation et logé dans un ancien couvent du XVIIe s., ce boutique-hôtel est absolument charmant avec ses murs bleu Matisse et son patio à l'ombre des palmiers. Un paradis romantique au sommet d'un vieil escalier en pierre.

Rua das Janelas Verdes, 32 (plan B5), tram 25E, arrêt Santos-o-Velho • ✆ 213 962 435 • www.yorkhouselisboa.com • 80-250 € ; petit déjeuner : 15 €.

LE TOP POUR MANGER SUR LE POUCE

Café bohème, restaurant à *petiscos*, boulangerie dans l'air du temps, buffet qui se la joue chic... Lisbonne ne manque pas d'adresses sympas pour bien manger sans se ruiner.

Fábrica Lisboa

Un joli petit café boulangerie pour commencer la journée avec un croissant frais ou déjeuner léger.

Voir p. 20, quartier La Baixa.

Kaffeehaus

Ambiance bohème et petits plats autrichiens font le charme de ce café intello.

Voir p. 42, quartier Le Chiado.

Estrela da Bica

Petiscos d'ici et d'ailleurs, ambiance jeune et chaleureuse.

Voir p. 78, quartier Cais de Sodré et Bica.

Cabane

Une bonne petite adresse pour bruncher veggie avec un accueil en français.

Voir p. 66, quartier De Príncipe Real à São Bento.

Rosa da Rua

Buffet à volonté dans un cadre charmant et intimiste : le bon plan du quartier.

Voir p. 56, quartier Le Bairro Alto.

Kaffeehaus

Buzz Lisboeta

Un point de chute original du côté des docks pour bruncher… dans un bus à impériale !

Voir p. 122, quartier Lapa et Alcântara.

BELÉM

11

À 15 minutes du centre-ville, Belém est un hommage gravé dans la pierre aux exploits de tous les navigateurs partis à la découverte du Nouveau Monde. Du mosteiro dos Jerónimos aux lignes futuristes du museu de Arte, Arquitetura e Tecnologia en passant par le génial museu nacional dos Coches, Belém est aussi le pôle culturel le plus éclectique de la capitale.

Comment y aller? Voir carnet pratique p. 178

1 Torre de Belém✦✦✦

La **tour de Belém** fut édifiée au milieu du Tage pour défendre le port de Lisbonne, avant d'être rattrapée par la rive droite du fleuve asséché lors du séisme de 1755. Classé au Patrimoine mondial de l'humanité, ce joyau qui offre des points de vue spectaculaires symbolise à lui seul l'ancienne puissance navale portugaise. La ville devenant une escale obligatoire sur les routes du commerce, une tour de contrôle s'imposait. Édifiée entre 1514 et 1520 à la demande de Manuel Ier, elle servit également d'arsenal, de prison et de résidence pour capitaines.

Le bastion

Au niveau du pont-levis, la salle d'artillerie déploie sa batterie de canons. C'est par les ouvertures dans le sol que l'on jetait les condamnés dans les eaux et la boue du fleuve. Le cachot, qui permettait d'étouffer les cris de torture des prisonniers, fut utilisé jusqu'au XIXe s. Sur la plate-forme gardée par les tours de sentinelles, la statue de Notre-Dame-du-Bon-Succès, face à la mer, veille encore sur les marins.

Un chef-d'œuvre manuélin

L'architecte Francisco de Arruda a su donner élégance et légèreté à la forteresse. Dans un télescopage de styles – loggia italienne, colonnes torsadées, tours d'angle à dômes mauresques et fenêtres géminées – rien ne manque au répertoire décoratif manuélin : blason de Manuel Ier, cordages, sphères armillaires et créneaux marqués de la croix de l'ordre du Christ.

La tour

Depuis la **salle du Gouverneur,** un escalier en colimaçon raide et étroit (gare aux embouteillages !) dessert la **salle du Roi** (sala dos Reis), où se situe la superbe loggia Renaissance, la **salle des audiences,** la **chapelle** et enfin la **terrasse.** Remarquez les plafonds voûtés d'ogives, typiques du style manuélin.

Av. de Brasília • ✆ 213 620 034 • www.torrebelem.gov.pt • Mai-sept. : mar.-dim. 10h-18h30; oct.-avr. : mar.-dim. 10h-17h30; f. 1er janv., dim. de Pâques, 1er mai, 13 juin et 24-25 déc. • Entrée : 6 €.

2 Padrão dos Descobrimentos✦

Érigé en 1960 à la demande de Salazar pour commémorer le 500e anniversaire de la mort d'Henri, dit « le Navigateur »,

Tour de Belém

le **monument des Découvertes** représente la proue d'une caravelle et les grands personnages de l'histoire maritime du Portugal, rois, navigateurs et mécènes.

Av. de Brasília • ✆ 213 031 950 • www.padraodosdescobrimentos.pt • Mars-sept. : t.l.j. 10h-19h; oct.-fév. : mar.-dim. 10h-18h; f. 1er janv., 1er mai et 25 déc. • Entrée : 3 € expo.; 6 € expo. + film (t.l.j. 15h30).

3 Museu Coleção Berardo✦✦✦

Souvent ignoré, à tort, par les touristes, c'est l'un des musées d'art les plus palpitants de Lisbonne. La fabuleuse collection

du milliardaire portugais José Berardo offre sur 11 000 m² un travelling unique sur les courants de l'art des XXᵉ et XXIᵉ s. Cubisme, dadaïsme, surréalisme, pop art sont illustrés par des œuvres de grands maîtres tels que Picasso, Magritte, Duchamp, Dalí, Warhol, Pollock, Bacon ou Keith Haring. Et tous les supports sont représentés : sculpture, photographie, peinture, installation vidéo… Étourdissant !

Centro Cultural de Belém, praça do Império • ☎ 213 612 878 • www.museuberardo.pt • T.l.j. 10h-19h; f. 25 déc. • Entrée : 5 €; gratuite sam.

4 Museu de Marinha✦✦✦

Le **musée de la Marine** expose des maquettes de bateaux, des cartes, des instruments de navigation, des astrolabes et des reproductions de galiotes royales grandeur nature. Ici, vous embarquez dans la grande aventure maritime du Portugal. La salle dédiée aux découvertes illustre à merveille les progrès rapides de la construction navale à partir du XVᵉ s. grâce à des maquettes montrant l'évolution des types d'embarcations. Ne manquez pas les cabines royales du yacht *Amélia*, démantelé en 1938, ni le **planétarium** Calouste-Gulbenkian (☎ 213 620 002, voir horaires de projection sur place, entrée : 5 €).

Praça do Império • ☏ 210 977 350 • http://ccm.marinha.pt • T.l.j. 10h-18h (17h oct.-avr., f. 1er janv., dim. de Pâques, 1er mai et 25 déc.) • Entrée : 6,50 €, gratuit le 1er dim. du mois.

5 Mosteiro dos Jerónimos e Igreja Santa Maria✦✦✦

Bâti, selon la volonté de Manuel Ier (1495-1521), à l'emplacement de la chapelle de la Vierge-de-Bethléem où se recueillaient les marins, le **monastère des Hiéronymites** est grandiose par ses dimensions (300 m de façade), par la durée de sa construction (150 ans) et par son coût. Le monastère fut confié aux moines de Saint-Jérôme afin qu'ils prient pour le roi et les navigateurs. Ancien refuge pour les marins, il devint plus tard celui des élèves de l'organisation de protection des orphelins, la Casa Pia de Lisboa. Les galeries du cloître et le réfectoire sont de pures merveilles manuélines. Dans l'église, ne manquez pas les tombeaux de Vasco da Gama et de Luís de Camões, ni la voûte et ses superbes piliers.

Le portail sud

Dessiné par Boytac, il fait majestueusement face au Tage. Décoré de moulures et de statues d'apôtres, de saints et de navigateurs, il séduira amateurs d'art religieux et profanes.

Cloître du mosteiro dos Jerónimos

Museu nacional dos Coches

Igreja Santa Maria

Dans le transept, la superbe voûte nervurée de João de Castilho est miraculeusement soutenue par deux piliers (1520). Sous la tribune, le **tombeau de Vasco da Gama** voisine avec celui du poète Camões. La chapelle principale fut construite en 1571 dans le style maniériste par Jerónimo de Ruão. Elle renferme les **tombeaux** de Manuel Ier et de son épouse dona Maria, supportés par des éléphants. Le **retable** représentant la Passion du Christ et l'Adoration des Mages est l'œuvre de Lourenço de Salzedo (v. 1530-1577).

Le cloître

Cet ancien havre de paix hiéronymite est l'endroit idéal pour la méditation et la contemplation. Des plantes grimpantes et des animaux fantastiques couvrent les colonnes de la galerie. Considéré comme le plus bel exemple manuélin, ce cloître est l'œuvre des architectes Boytac et Castilho (1541). À voir également, la **tombe de Pessoa**, transférée ici en 1985.

Le réfectoire

Les splendides azulejos bleu et jaune des années 1780 mettent en scène le miracle de la multiplication des pains et la vie de Joseph en Égypte.

Praça do Império • ☏ 213 620 034 • www.mosteirojeronimos.gov.pt • Mar.-sam. 10h-18h30 (17h oct.-avr.), dim. 14h-18h, (f. 1er janv., dim. de Pâques, 1er mai, 13 juin et 24-25 déc.) • Achat des tickets aux machines du museu nacional de Arqueologia, entrée payante pour le monastère (cloître) : 10 € et libre pour l'église.

6 Museu Nacional dos Coches – Picadeiro Real✦✦✦

Voitures de promenade, de voyage ou d'apparat, le **musée national des Carrosses** présente une collection rare de voitures restaurées du XVIIe au XXe s. Ce déploiement de luxe et d'art se partage entre l'ancien manège royal de Belém (Picadeiro Real) et un bâtiment ultra-contemporain signé Paolo Mendes da Rocha, entre minimalisme et exubérance!

La galerie 1

Elle regroupe les plus vieux carrosses (XVIe-XVIIIe s.) et les plus spectaculaires. Celui de Philippe II d'Espagne, en bois et cuir rouge, est certainement l'un des plus anciens. Exagérément baroques, les trois carrosses fabriqués à Rome en 1716 pour le compte du marquis d'Abrantes sont chargés de sculptures allégoriques faisant référence aux gloires maritimes du pays. Ici, l'ornementation est à son comble!

Rejoindre la rive du Tage

Pour franchir la voie ferrée et rejoindre le Tage, il existe quatre points de passage : trois passerelles au niveau de la tour de Belém, du museu nacional dos Coches et du MAAT, et un passage souterrain face au Monument des Découvertes.

La galerie 2

Parmi les spécimens roulants des XVIIIe, XIXe et du début du XXe s., vous découvrirez des voitures de promenade miniatures pour petits princes que tiraient poneys et moutons, la chaise aux hublots qui pouvait être conduite de l'intérieur, et la

Pause crémeuse : Pastéis de Belém

Confectionnés selon la même recette depuis 1837, les fameux *pastéis* de Belém sortent tout juste du four, crémeux à souhait, et se dégustent saupoudrés de cannelle et de sucre glace dans l'une des salles couvertes d'azulejos.

72 *Rua de Belém, 84 • ☎ 213 637 423 • www.pasteisdebelem.pt • T.l.j. 8h-20h (19h 1er janv., 24-25 et 31 déc.).*

Museu Nacional de Etnologia

voiture dans laquelle succomba le roi Carlos Ier lors de l'attentat du 1er février 1908. Les impacts de balles sont encore visibles…

Le Picadeiro Real

À deux pas du musée, tout décoré de peintures et de panneaux d'azulejos, ce bâtiment abrite sept voitures d'apparat du XVIIIe s. ainsi qu'une collection de portraits royaux.

Av. da Índia, 136 • ☏ 210 492 400 • **Picadeiro Real** *: praça Afonso de Albuquerque • ☏ 213 610 850 • www.museudoscoches.pt • Mar.-dim. 10h-17h ; f. 1er janv., dim. de Pâques, 1er mai, 13 juin, 24 et 25 déc. • Entrée : Museu Nacional dos Coches 8 € ; Picadeiro Real 4 € ; billet combiné MNC et Picadeiro Real 10 €.*

7 Museu de Arte, Arquitetura e Tecnologia (MAAT)✦✦

C'est la nouvelle icône des bords du Tage ! Cette grosse vague blanche prête à se jeter à l'eau forme l'écrin stupéfiant du musée de l'Art, de l'Architecture et de la Technologie. Confiées à des artistes, architectes et penseurs contemporains, ses expositions pointues interrogent notre société et son futur, de la question du climat à l'aménagement des villes en passant par l'impact des technologies sur nos vies. Grimpez sur le toit et faites un tour dans la spectaculaire Centrale thermoélectrique voisine, joyau du patrimoine industriel du XIXe s. reconverti en musée de l'Électricité.

Av. de Brasília, Central Tejo • 210 028 130 • www.maat.pt • Mer.-lun. 11h-19h ; f. 1er janv., 1er mai et 25 déc. • Entrée : 5 € musée ; 5 € centrale ; 9 € billet combiné musée et centrale ; gratuite 1er dim. du mois.

8 Palácio Nacional da Ajuda**

Bâti après la destruction du Palácio da Ribeira (terreiro do Paço) par le séisme de 1755, ce palais devint la résidence de la famille royale à partir de 1861. La reine, le trouvant austère, l'aménagea à son goût. De la chambre de la Reine au cabinet de toilette (très moderne pour l'époque) en passant par le salon des Porcelaines, on déambule dans le décor typique et figé d'une Cour du XIXe s., agrémenté d'une superbe collection d'arts décoratifs.

Largo da Ajuda, bus 729 depuis le bas de la calçada da Ajuda • 213 620 264 • www.palacioajuda.gov.pt • t.l.j. sf jeu. 10h-18h ; f. 1er janv., dim. de Pâques, 1er mai, 13 juin et 25 déc. • Entrée : 5 €.

9 Museu Nacional de Etnologia*

C'est un tout petit musée perché en haut d'une avenue tranquille. Si le fonds est conséquent, avec ses 42 000 pièces d'origine africaine, asiatique, sud-américaine et européenne (auxquelles il faut encore y ajouter les 11 600 objets de la collection du musée d'Art populaire), l'exposition permanente elle, est réduite, faute de place. L'accrochage change donc régulièrement, tandis que trois expositions temporaires par an permettent de découvrir d'autres richesses de la collection. Les réserves du musée, passionnantes, se visitent aussi (sur résa).

Av. da Ilha da Madeira • 213 041 160 • https://mnetnologia.wordpress.com • Mar. 14h-18h, mer.-dim. 10h-18h ; f. 1er janv., dim. de Pâques, 1er mai, 13 juin et 25 déc. • Entrée : 3 €.

Restos Bistrots

À Margem

Sur le pouce 71 Plan p. 74

Posée sur la promenade entre le monument des Découvertes et la tour de Belém, cette boîte de verre très design est le lieu parfait pour un déjeuner léger face au Tage. On y propose salades, tartines, sandwichs, jus de fruits frais et milkshakes. Superbe terrasse.

Doca do Bom Sucesso, tram 15E, arrêt Centro Cultural de Belém • 918 620 032 • www.amargem.com • T.l.j. 10h-23h (21h dim.) • Tartines et sandwichs : 5-10 €.• Plat : 12-15 €.

VOIR AUSSI P. 137 :
Pastéis de Belém 72

Bars, clubs Sorties

Centro Cultural de Belém

Centre culturel 58

Théâtre, musique classique, jazz, musique contemporaine… Une programmation éclectique et de grande qualité.

Praça do Império, tram 15E, arrêt Centro Cultural de Belém • 213 612 400 • www.ccb.pt • Billetterie : lun.-dim. 11h-20h (f. 25 déc.).

Bar 38°41'

Bar 59

Idéalement située face au Tage, la terrasse de ce bar-lounge *trendy* est une invitation à siroter des cocktails en regardant passer les bateaux. En été des DJ y mixent du vendredi au dimanche et, de juin à septembre, du jazz en live anime les lieux tous les mercredis (18h30-20h). Longue carte de whiskies, gins, vodkas, vins et portos.

Altis Belém Hotel & Spa, Doca de Bom Sucesso • 210 400 210 • www.altishotels.com • T.l.j. 11h-22h • Cocktails : 8-10 €.

Shopping Cadeaux

Ler Devagar

Librairie 53 Plan A5

Logée dans une ancienne imprimerie, la gigantesque librairie de LX Factory (voir p. 126) est aussi un centre culturel : expos, concerts, danse et pièces de théâtre. Consultez l'agenda !

Rua Rodrigues Faria, 103, tram 15E ou 18E, arrêt Calvário • 213 259 992 • www.lerdevagar.com • Dim.-lun. 11h-21h, mar.-sam. 11h-22h.

Ler Devagar

NOTRE TOP DES PÂTISSERIES

Difficile de résister aux douceurs d'un en-cas à Lisbonne. Pastéis de nata, lérias (gâteaux aux amandes), chocolat chaud… Il y a toujours quelque chose à goûter!

Pastelaria Versailles

Pastéis de Belém

Une institution qui sert des *pastéis de nata* à Belém depuis 1837!

Voir p. 132, quartier Belém.

Casa de Chá de Santa Isabel

Le meilleur goûter de Lisbonne, dans un lieu original.

Voir p. 148, quartier Rato et Amoreiras.

Confeitaria Imperial

De délicieuses pâtisseries dans une ambiance de café authentique.

Voir p. 151, quartier Du Parque Eduardo VII aux Avenidas.

Pastelaria Versailles

La « Grande Dame » de Lisbonne, tout en stucs et vieux lustres, où l'on discute comme dans les années 1920 autour de *pastéis de nata* croustillants à souhait.

Voir p. 151, quartier Du Parque Eduardo VII aux Avenidas.

Manteigaria

Un petit comptoir où l'on confectionne sous vos yeux les célèbres *pastéis de nata*!

Voir p. 56, quartier Le Bairro Alto.

Pastéis de Belém

SIÈCLE D'OR ET CONQUÊTES

Au XVᵉ siècle, les expéditions vers le Nouveau Monde marquent le début d'une période de prospérité. Lisbonne se tourne vers le Tage et s'organise pour assumer son nouveau rôle au cœur du commerce mondial.

Navigateurs dans l'océan Indien, enluminure du Livre des merveilles, v. 1410

Henri, dit « le Navigateur »

L'infant Henri, **père des découvertes**, n'a en réalité que peu de fois quitté la terre ferme. Oncle et conseiller du roi Afonso V (1438-1481), il fonde la **première école de navigation portugaise** et convainc la noblesse d'investir dans l'industrie navale émergente. Il contribue au perfectionnement des techniques de navigation et de cartographie et au **financement des expéditions**.

L'invention du monde

En peu de temps, grâce à ses navigateurs, Lisbonne va devenir le centre d'un vaste empire. Après la colonisation de Madère, des Açores, puis l'exploration des côtes de l'Afrique, **Bartolomeu Dias** double le cap de Bonne-Espérance (1487), préparant ainsi le voyage de **Vasco da Gama aux Indes** (1498-1499). En 1500, à la suite d'une erreur de navigation, **Pedro Álvares Cabral découvre le Brésil**. Peu après, le Portugais Magellan ou **Fernão de Magalhães** qui navigue pour le compte de Charles Quint, réussit le **premier tour du monde**, révolution dans tous les sens du terme, qui confirme la rotondité de la Terre.

La rivalité avec l'Espagne

Dans la course aux terres nouvelles, le Portugal rivalise avec l'Espagne. Le pape tranche en 1494 avec le **traité de Tordesillas :** toute terre rattachée à l'Atlantique se trouvant à l'est d'une ligne passant à 370 lieues (soit environ 2 000 km) à l'ouest des îles du Cap-Vert est déclarée portugaise. C'est ainsi que l'**Afrique** occidentale mais aussi le **Brésil** (dont la partie orientale se trouve dans la bonne zone) seront rattachés au royaume. Au-delà de cette limite, tous les territoires sont soumis à la souveraineté espagnole.

Une ère de prospérité

L'afflux des marchandises permet le **développement du commerce** et l'émission d'une monnaie de référence en or : le ***cruzado***. **Lisbonne s'agrandit**, l'activité d'urbanisme y est remarquable (palais, hôpitaux, maisons d'habitation de 4 ou 5 étages…) et les bords du Tage sont remblayés pour construire des douanes, des entrepôts de stockage et un arsenal. Lisbonne devient le principal **centre de la cartographie** et de la fabrication d'instruments maritimes.

Un inévitable déclin

Le Portugal est maître du commerce le plus étendu du monde, mais la population locale peine à fournir gouverneurs, soldats, marins et colons pour

Monument des Découvertes, Belém

administrer et contrôler les terres conquises. À la fin du XVIe s., la faillite de la **Casa das Índias** (Compagnie nationale de commerce) et la désastreuse **croisade** de Sebastião contre les Maures marquent la **ruine de l'Empire**. L'Espagne en profite pour annexer son rival pendant quatre-vingts ans.

Le style manuélin

C'est sous le règne de Manuel Ier (1495-1521) que les routes des Indes et du Brésil sont ouvertes. Le roi attire des talents de toute l'Europe et encourage tous les arts. Le style manuélin se caractérise par des symboles maritimes : sphère armillaire et croix de l'ordre du Christ, cordages, ancres, coquillages, végétaux et animaux exotiques.

ESTRELA ET CAMPO DE OURIQUE

12

Ce quartier populaire, au tracé quadrillé et à l'architecture des années 1920 à 1950, a longtemps été spécialisé dans la *panificação* (fabrication du pain). Vous croiserez encore beaucoup de boulangeries artisanales : un excellent prétexte pour allier gourmandise et balade, soit dans le luxuriant Jardim da Estrela, soit dans l'étonnant « cimetière des plaisirs ».

Jardim da Estrela

1 Basílica da Estrela✦✦

En 1779, la reine Maria Ire décida de bâtir une basilique dédiée à la Vierge pour la remercier de lui avoir donné un fils. L'édifice de style baroque témoigne du peu de goût de la reine pour le rationalisme de son époque, et pour Pombal en particulier. À l'intérieur, vous admirerez le **tombeau** de la souveraine, une crèche géante (t.l.j. 10h-11h30 et 15h-17h) et des marbres de couleur.

Praça da Estrela • ☏ 213 960 915 • Lun., mer. et vendredi 9h-13 h et 15h-19h; mar., jeu., sam. et dim. 9h-19h (sf lors des messes) • Entrée libre.

2 Jardim da Estrela✦✦

Ce jardin public inauguré en 1842, où aiment flâner les Lisboètes, étale ses charmes romantiques face à la basilique. Essences exotiques, fontaines et grottes artificielles s'épanouissent autour d'un bassin central où barbotent oies et canards d'Égypte. Marchez jusqu'au ***coreto***, petit kiosque métallique dédié autrefois aux bals populaires et aux rendez-vous galants. Vous y trouverez aussi un café avec terrasse et une aire de jeux pour enfants. Marché artisanal le premier dimanche du mois.

Praça da Estrela • 213 974 818 • T.l.j. 7h-minuit • Entrée libre.

3 Cemitério dos Ingleses✦✦

Caché derrière un haut mur d'enceinte, ce cimetière anglican abrite quelque 3 000 tombes. Aménagé en 1724 comme un grand jardin paisible, il fait la part belle aux arbres, arbustes et plantes qui parfois envahissent les pierres tombales. Ce cimetière n'a pu voir le jour que grâce à ses arbres et à son mur : en effet, les Anglais n'avaient le droit de pratiquer leur culte que loin du regard des Portugais, très majoritairement catholiques. S'ils purent aménager un cimetière, ce ne fut qu'à la condition qu'il soit le plus discret possible...

Entrée rua de São Jorge • 932 101 805 • Lun.-ven. et dim. 10h30-13h.

4 Casa Fernando Pessoa✦

Ce lieu fut la dernière demeure de Fernando Pessoa, qui y loua une petite chambre pendant les quinze dernières années de sa vie. L'immeuble a été rénové et abrite aujourd'hui quelques objets personnels, une bibliothèque (f. lun., dim. et j.f.) et une petite salle multimédia. Pour les fans du poète.

Rua Coelho da Rocha, 16 • 213 913 270 • www.casafernandopessoa.pt • mar.-dim. 11h-17h, f. 1er janv., 1er mai et 25 déc. • Entrée : 5 €.

Pause chocolat : O Melhor Bolo de Chocolate do Mundo

La spécialité de cette pâtisserie ? Tout simplement le « meilleur gâteau au chocolat du monde » ! Baptisée ainsi, non sans humour, par son inventeur Carlos Braz Lopes, elle attire une foule de gourmands, en face du marché de Campo de Ourique. La recette est délicieuse et s'exporte aujourd'hui à New York, São Paulo et Sydney.

73 *Rua Tenente Ferreira Durão, 62A • 213 965 372 • www.omelhorbolodechocolatedomundobycbl.net • Lun.-sam. 9h-19h.*

5 Mercado de Campo de Ourique⁺⁺

Fondé en 1934, le vieux marché de Campo de Ourique s'est offert un joli coup de jeune. Sous la grande halle couverte niche un délicieux marché de gourmets, entre vendeurs de fruits et légumes, bouchers et poissonniers. Une vingtaine de stands et une infinité d'options gourmandes à savourer aux tables communes !

Rua Coelho da Rocha • ☎ 211 323 701 • www.mercadodecampodeourique.com • Lun.- jeu. 10h-22h30, ven.-sam. 10h-23h.

Fernando Pessoa

Né en 1888, l'écrivain portugais n'a publié qu'un seul recueil de poèmes de son vivant (*Message*, 1934). En réalité, il écrivait sous des noms d'emprunt (Alberto Caeiro, Ricardo Reis, Bernardo Soares...). Après sa mort, en 1935, plus de 25 000 documents inédits furent retrouvés dans une malle.

6 Cemitério dos Prazeres⁺⁺

Ce cimetière « des plaisirs », créé en 1833, a tout d'un hameau résidentiel, avec ses milliers de monuments funéraires bien alignés. Les rues étroites sont arborées, et leurs trottoirs pavés en noir et blanc, à la lisboète. Aux portes vitrées des chapelles sont accrochés des rideaux dentelés et les tombes sont décorées d'objets et de photos. Surprenant...

Praça São João Bosco • ☏ 213 961 511 • En hiver t.l.j. 9h-16h30; en été t.l.j. 9h-17h30 • Entrée libre.

Cemitério dos Ingleses

Restos | Bars | Hôtels | Shopping | Activités

Restos Bistrots

VOIR AUSSI P. 145 :

O Melhor Bolo de Chocolate do Mundo 73 Hors plan par A5

Bars, clubs Sorties

A Paródia

Bar à cocktails 60 Plan A4

L'un de ces charmants bars *old-fashioned* dont Lisbonne a le secret. Ouvert en 1974, cet ancien magasin d'antiquités a été reconverti en bar deux jours après la Révolution des Œillets. On y sert une grande variété de cocktails dans un joli décor Art Nouveau sur fond de jazz ou de bossa-nova. Ambiance chaleureuse et décontractée, idéale pour discuter.

Rua da Patrocínio, 26B, Tram 25E et 28E, arrêt rua Saraiva de Carvalho • ☏ 213 964 724 • www.aparodia.com • T.l.j. 21h-2h • Cocktails : 7-14 €.

Mercado de Campo de Ourique

RATO ET AMOREIRAS

13

Loin des ruelles étroites et escarpées du centre historique, ce quartier moderne tranche par son fonctionnalisme. Quelques sites d'un autre temps, comme le réservoir ou l'aqueduc, témoignent de l'époque où les habitants élevaient les vers à soie sur des mûriers, pour fournir la fabrique de soierie qui abrite désormais la très belle fondation Árpád Szenes–Vieira da Silva. La visite du quartier vous fera prendre de la hauteur : plusieurs sites offrent des panoramas à couper le souffle, depuis l'aqueduc ou du haut des tours Amoreiras.

Aqueduto das Águas Livres

1 Casa-Museu Medeiros e Almeida++

Ce véritable petit palais est truffé de trésors réunis par le collectionneur et homme d'affaires António de Medeiros e Almeida (1895-1986). Le musée est installé dans sa propre maison, demeurée telle quelle, et dans son jardin. Au fil des somptueux salons, on découvre une collection impressionnante de peintures flamandes, tapisseries, porcelaines chinoises, bijoux, meubles d'époque... le tout savamment agencé. Parmi les raretés, le service à thé utilisé par Napoléon à Sainte-Hélène, la montre en argent de l'impératrice Sissi et l'étonnante horloge de nuit du XVIIe s., en état de marche, éclairée par une lampe à huile placée à l'intérieur.

Rua Rosa Araújo, 41 • ☎ 213 547 892 • www.casa-museumedeirosealmeida.pt • Lun.-sam. 10h-17h; f. 1er jan., Vendredi saint, 1er mai, 24 et 25 déc. • Entrée : 5 €; gratuite sam. 10h-13h.

2 Reservatório da Mãe d'Água das Amoreiras**

C'est ici que se déversaient les eaux de l'aqueduc das Águas Livres. Ce splendide **réservoir** construit entre 1746 et 1834 fait aujourd'hui office de lieu culturel. Les murs de 5 m d'épaisseur sont régulièrement ornés de tableaux lors d'expositions temporaires, et il n'est pas rare que les créateurs choisissent ce lieu pour leurs défilés de mode. On le comprend aisément en découvrant le superbe panorama qui se dévoile depuis la terrasse...

Praça das Amoreiras, 10 • ☎ 213 251 644 • www.epal.pt • Mar.-dim. 10h-12h30 et 13h30-17h30 • Entrée : 4 €.

3 Fundação Árpád Szenes–Vieira da Silva**

Ce musée expose des œuvres (peintures, dessins, aquarelles) de l'artiste français d'origine hongroise Árpád Szenes (1897-1985), peintre abstrait célèbre pour son travail sur la transparence (*Autoportrait à la pupille rouge*, 1924-1925), et de son épouse d'origine lisboète Maria Helena Vieira da Silva (1908-1992), amie de Fernand Léger, Antoine Bourdelle, Raoul Dufy et Piet Mondrian...

Praça das Amoreiras, 56-58 • ☎ 213 880 044 • www.fasvs.pt • Mar.-dim. 10h-18h, f. j.f. • Entrée : 5 €.

4 Miradouro Amoreiras 360°*

Il faut pénétrer dans un vaste centre commercial pour trouver l'accès à cette attraction, non sans avoir acheté auparavant son ticket au poste d'accueil situé près de l'entrée. L'ascenseur, décoré du panorama qui vous attend, file vers les sommets pour dévoiler un point de vue complet sur Lisbonne, son aqueduc, le

Pause historique : la Pastelaria 1800

Les superbes panneaux d'azulejos polychromes du fond de la salle vous avertissent : ici, on fabrique des gâteaux depuis 1857 ! C'est dire si on a le tour de main ! Faites comme les Portugais et offrez-vous un *galão* et un *bolo de arroz.*

75 Plan B2 • *Largo do Rato, 7 • ☎ 213 882 631 • Lun.-ven. 6h-20h, sam. 6h-17h • Pâtisserie : autour de 2 €.*

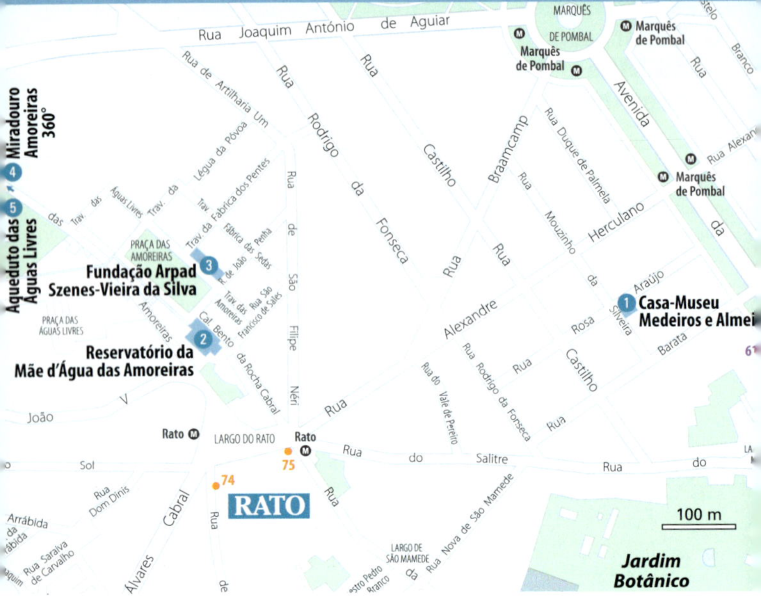

château et l'emblématique pont du 25-Avril qui enjambe le Tage.

Av. Eng. Duarte Pacheco, loja 2037 • ☎ 213 810 240 • www.amoreiras360view.com • Juil.-août : t.l.j. 10h-22h; sept.-juin : lun.-ven. 10h-12h30 et 14h30-22h (18h oct.-mars)• Entrée : 5 €.

5 Aqueduto das Águas Livres+++

L'**aqueduc** « des eaux-libres » est un projet phénoménal ordonné en 1731 par João V. Il permit d'alimenter dès 1748 les fontaines de Lisbonne après un parcours de 58 km. Avant cette date, seul le quartier de l'Alfama disposait d'eau potable : l'arrivée de l'aqueduc fut donc une révolution pour le reste des habitants ! On peut suivre ses 941 m et contempler la vallée de l'Alcântara à 65 m de hauteur.

Calçada da Quintinha, 6 • ☎ 218 100 215 • www.epal.pt • Mar.-dim. 10h-17h30 • Visite guidée sur résa. • Entrée : 4 €.

Restos Bistrots

Casa de Chá de Santa Isabel

Salon de thé-pâtisserie 74 Plan B2

Cet ancien entrepôt de bananes, devenu salon de thé et atelier de couture dans les années 1950, appartient désormais à la paroisse Santa Isabel et sert le meilleur goûter de Lisbonne. Scones, *bolos de chocolate*, *lérias* (gâteau aux amandes)… se savourent entre murs pastel et icônes religieuses (1,50 € env. la pâtisserie, les bénéfices sont reversées à des œuvres sociales).

Rua de São Bento, 700, M° Rato • 917 422 749 • www.casadecha.org • Été : lun. 15h30-19h, mar.-ven. 11h30-19h ; hiver : mar.-ven. 11h30-19h (goûters à partir de 15h30), sam.-dim. 15h30-19h.

VOIR AUSSI P. 149 :

Pastelaria 1800 75 Plan B2

Bars, clubs Sorties

Sky Bar

Rooftop 61 Plan CD2

Il faut attendre les beaux jours pour profiter de la terrasse du Sky Bar, perché au 9e étage de l'hôtel Tivoli. La vue spectaculaire vaut le détour si vous n'êtes pas allergique à l'ambiance lounge, cocktail et *beautiful people* (DJ et animations jeu.-sam. soir).

Hotel Tivoli, av. da Liberdade, 185, M° Avenida • 213 198 642 • www.tivolihotels.com • Mai-oct. : t.l.j. 17h-1h • Cocktail env. 12 €, bière env. 5-7 €.

Les fameux *pastéis de nata*

Ces petits flans crémeux, lovés dans une coque en pâte feuilletée, sont à consommer partout, servis tièdes et saupoudrés de cannelle. Une véritable institution à Lisbonne, autant que les tramways, la morue ou le fado ! Il faudra aussi goûter aux douceurs de couvent comme le *toucinho do céu* (le « lard du ciel », pâtisserie aux amandes) ainsi qu'aux deux grandes spécialités de Sintra que sont les *queijadas* (tartelettes au fromage blanc) et les *travesseiros* (feuilletés aux amandes).

DU PARQUE EDUARDO VII AUX AVENIDAS 14

Après le jardin zen du musée Gulbenkian, vous découvrirez les demeures de collectionneurs, les fresques de graffeurs stars et des arènes aux airs de palais maure! À l'est du parc Eduardo VII, les Avenidas — illustration de l'extension rectiligne et pastel de la ville jusqu'aux années 1960 — alignent boutiques et cafés kitsch.

Mosaïque Parque Eduardo VII

1 Parque Eduardo VII et Estufas⁺⁺

L'ascension en pente douce de ce vaste parc à la française sera récompensée par une parenthèse exotique dans l'***estufa fria***, une serre froide de 1930 abritant papyrus, fougères arborescentes, nénuphars, cascades et pont japonais. Plus petites, les ***estufas quente*** (chaude) et ***doce*** (douce) renferment des plantes tropicales pour la première et des cactus pour la seconde. Grimpez jusqu'au **jardin Amália-Rodrigues** pour le panorama, ou pour une pause gourmande au bord de l'eau au **Linha D'Água** (rua Marquês de Fronteira, ☎ 213 814 327, t.l.j. 9h-22h (21h en hiver).

Serres (nord-ouest du parc) • ☎ 213 882 278 ou 218 170 996 • http://estufafria.cm-lisboa.pt • Avr.-oct. : t.l.j. 10h-19h; nov.-mars : t.l.j. 9h-17h; f. 1er janv., 1er mai et 25 déc. • Entrée : 3,10 €; gratuit dim. et j.f. jusqu'à 14h.

2 Crono Project⁺⁺

Dans le cadre du projet Crono, plusieurs maîtres du street art mondial ont recouvert de leurs

Estufa fria, parque Eduardo VII

fresques géantes des immeubles désaffectés mis à disposition par la Ville. En face du métro Picoas se succèdent le personnage géant du duo brésilien Os Gêmeos (nº 26), le voleur sirotant le monde à la paille de Blu, la silhouette noire sur ciel d'étoiles de SAM3, le crocodile d'Ericailcane et les oiseaux de Lucy McLauchlan (angle rua Martens Ferrão). Du graff de haute volée !

Av. Fontes Pereira de Melo • www.cargocollective.com/crono

3 Casa-Museu Anastácio Gonçalves✦✦✦

Gonçalves était ophtalmologue, intellectuel, voyageur et ami de Calouste Gulbenkian. À sa mort en 1965, il légua à l'État sa collection et sa demeure Art nouveau. Le visiteur déambule de pièce en pièce dans une scénographie intime : mobilier européen des XVIIe-XIXe s., peintures de Columbano Bordalo Pinheiro et Marques de Oliveira, porcelaines chinoises…

Av. da Cinco de Outubro, 6-8 • ☎ 213 590 823 • https://blogdacmag.blogspot.com • mar.sam. 10h-13h et 14h-16h30 (dim. 10h-14h et 15h-18h). • Entrée : 3 €.

4 Centro de Arte Moderna✦✦

Le **musée d'Art moderne** fait partie de la fondation Gulbenkian. Ouvert en 1983, il rassemble tous les courants artistiques majeurs de l'art portugais de 1920 à nos jours, avec des œuvres de Lourdes Castro, Paula Rego ou encore Almada Negreiros et son fameux *Portrait de Fernando Pessoa*. L'art britannique est représenté par

Henry Moore, David Hockney et le *Love Wall* de Peter Blake.

Rua Dr N. de Bettencourt • 217 823 000 • fermé pour travaux, ouverture prévue pour 2022.

5 Museu Calouste Gulbenkian✦✦✦

On doit ce centre culturel — l'un des plus prestigieux d'Europe —, à l'homme d'affaires et collectionneur arménien Calouste Sarkis Gulbenkian. Né en Turquie en 1869, il se réfugie à Lisbonne en 1942 et lègue à sa mort une partie de ses œuvres d'art à l'État portugais. Inauguré en 1969, le musée présente quatre millénaires de création artistique, de l'Antiquité au début du XXe s., à travers 1 000 pièces remarquables sur les 6 000 que compte le fonds. Ne manquez pas non plus le parc, agrémenté de sculptures de Moore et de Rodin, où se déroule chaque année le festival Jazz em Agosto (voir p. 188).

Monsieur 5 %

Enfant déjà, Calouste Gulbenkian utilisait son argent de poche pour dénicher des pièces rares sur les marchés. Il fit rapidement preuve d'un flair incroyable en affaires. En 1920, à la découverte de champs de pétrole en Irak, il négocia une commission de 5 % sur la production à venir… le jackpot ! Surnommé « Monsieur 5 % », il se trouva vite à la tête d'une fortune colossale qui lui permit de se consacrer à sa passion. Gulbenkian sillonne le monde, harcèle les marchands d'art, rachète aux Soviétiques des pièces rares du musée de l'Ermitage. C'est ainsi qu'il constitue cette collection éclectique et unique, reflet de ses goûts personnels.

Art oriental et classique

Après les figurines égyptiennes et les pièces gréco-romaines, l'Orient islamique est à l'honneur avec des faïences d'Iznik, des enluminures, des lampes de mosquées ainsi que de superbes tapis persans. La section s'achève avec des porcelaines, des objets laqués et des tissus de Chine et du Japon.

Art européen

Cette galerie présente des manuscrits enluminés et des ivoires médiévaux, des meubles et pièces d'orfèvrerie français des XVIIe et XVIIIe s., ainsi que des peintures flamandes et hollandaises (Rubens, Rembrandt), françaises (Fragonard, Boucher, Manet, Renoir, Monet) et anglaises (Turner, Gainsborough...).

Collection Lalique

La visite s'achève avec la salle des bijoux, ivoires et verreries de René Lalique. Il faut admirer de près cette collection unique au monde : diadème orchidée, miroir aux serpents... Sublime !

Av. de Berna, 45A • ☏ 217 823 000 • www.gulbenkian.pt • Mer.-lun. 10h-18h; f. 1er janv., dim. de Pâques, 1er mai, 24 et 25 déc. • Entrée : 10 €, gratuit dim. à partir de 14h; expos temporaires gratuites ou payantes.

6 Praça de Touros✦

Les **arènes de Lisbonne** (1892) ont des airs de palais maure. C'est ici qu'ont lieu les fameuses *touradas*. Ces courses de taureaux, différentes des corridas espagnoles, mettent le cavalier à l'honneur (le ballet des *cavaleiros* en habit est un spectacle à lui tout seul), et la bête n'est pas mise à mort dans l'arène. La galerie commerciale des arènes réunit salles de cinéma, magasins, supermarché, cafés et restaurants.

Campo Pequeno • ☏ 217 998 456 • www.campopequeno.com • Avr.-oct. : 10h-13h et 14h-19h, nov.-mars : 10h-13h et 14h-18h • Touradas : avr.-oct.; 10-70 €.

Pause pastéis de nata : Pastelaria Versailles

Dans ce superbe cadre Art déco avec moulures pastel, natures mortes, colonnes aux chapiteaux dorés, vous pouvez faire une pause ou déjeuner dans une ambiance brasserie, mais alors restez debout, les prix sont moins élevés. Ou allez en face, au Galeto (voir p. suivante).

80 *Av. da República, 15A • ☏ 213 546 340 • T.l.j. 7h30-22h.*

Restos Bistrots

Galeto

Portugais moderne 76 Plan p. 92

La déco *sixties* est définitivement sombre et kitschissime (clous dorés ou panneaux de bois sculpté aux murs, ardoises noires au plafond...). Plats du jour, salades et légumes plutôt honnêtes. On sert aussi de vrais hamburgers, avec brioche et fromage, et une viande dont on choisit l'assaisonnement. Après 22h, prix majorés de 10 %. Un concentré de vie lisboète où se croisent ouvriers, cols blancs, artistes et noctambules.

Av. da República, 14, M° Saldanha • ✆ 213 544 444 • Facebook : Galeto • T.l.j. 7h30-3h30 • Salade : env. 5 €; plat : 10-25 €.

Eleven

Gastronomique 77

Un strict « cube » rouille et gris, un design intérieur élégant... Cette adresse prisée des gourmets est un modèle de sobriété et d'excellence ! Les cuisines sont dirigées par le chef Joachim Koerper, un habitué des étoiles. Et la vue, sublime, s'étend jusqu'au Tage.

Jardim Amália Rodrigues, rua Marquês da Fronteira, M° São Sebastião, puis bus 713, arrêt Palácio da Justiça • ✆ 213 862 211 • www.restauranteleven.com • Lun.-sam. 12h30-15h (cuisine 14h30) et 19h30-23h (cuisine 22h30) • Menus : 85 €, 90 €, 120 € et 185 €; menu midi : 28 € et 35 € • Résa conseillée.

Confeitaria Imperial

Pâtisserie-salon de thé 78

Dans cette pâtisserie-salon de thé de plus de cinquante ans, vous retrouverez la véritable ambiance des cafés portugais. Les pâtisseries traditionnelles y sont excellentes.

Av. António Augusto de Aguiar, 27C, M° Parque ou São Sebastião • ✆ 213 547 108 • Lun.-ven. 7h-20h, sam. 7h-19h • Plat du jour : 5-9 €; sandwich : 1,70-4,50 €; pâtisserie : à partir de 1 €.

Pastelaria Mexicana

Café-pâtisserie 79 Plan p. 92

Ce café historique bien connu des Lisboètes a été fondé en 1946 et classé monument d'intérêt public pour son décor moderniste. Faites-y un saut pour grignoter pâtisseries rétro, croissants (1,10 € à l'intérieur) ou palmiers dans un pur décor années 1960 (fresques d'azulejos en relief en vogue sous Salazar), et pour observer le défilé des mamies chic et de la jeunesse dorée en Prada.

Av. Guerra Junqueiro, 30C, M° Alameda • ✆ 218 486 117 • Facebook : Pastelaria Mexicana Lda. • T.l.j. 7h30-22h.

VOIR AUSSI P. 155 :

Pastelaria Versailles 80

Bars, clubs Sorties

Culturgest

Centre culturel 62 Plan p. 92

Conçu par Arsénio Cordeiro en 1993, cet édifice délirant est le siège de la Caixa Geral de Depósitos (Caisse des dépôts portugaise). C'est aussi un centre culturel spécialisé dans les arts contemporains, qui propose expositions, concerts de jazz, films et rencontres.

Edifício Sede da Caixa Geral de Depósitos, rua Arco do Cego (1er ét.), M° Campo Pequeno • ☎ 217 905 155 • www.culturgest.pt • Billetterie : mar.-dim. 13h-18h, expos et librairie : mar.-dim. 11h-18h.

Limão

Rooftop bar 63 Plan p. 92

Aménagée sur le toit de l'hôtel H10, la jolie petite terrasse du Limão, avec son sol graphique bleu et blanc, déroule une vue extra large sur Lisbonne et le Tage. Un paisible cocon perché loin des foules, pour laisser filer le temps autour d'une caïpirinha et de quelques *petiscos* en attendant que la ville s'illumine.

Av. Duque de Loulé, 83, Hotel H10 (10e ét.), M° Marquês de Pombal • T.l.j. 12h-00h30 • Cocktail : env. 10 €.

Fundação Gulbenkian

Musique classique 64

La fondation Gulbenkian possède son orchestre philharmonique et son corps de ballet, et reçoit aussi des formations étrangères. Sa programmation de musique classique est l'une des plus riches de Lisbonne.

Av. de Berna, 45A, M° Praça de Espanha • ☎ 217 823 700 • www.gulbenkian.pt/musica • Billeterie : t.l.j. 10h-18h (voir programme sur le site) • Concert et spectacle : 10-70 €.

VOIR AUSSI P. 155 :

Praça de Touros Hors plan par C1

Hôtels B&B

Inspira Santa Marta Hotel

Déco chic et contemporaine, chambres feng shui, technologie pour rester connecté, Spa et sauna pour se relaxer. Tous les ingrédients d'une halte urbaine zen.

Rua de Santa Marta, 48 (plan D2), M° Avenida ou Marquês de Pombal • ☎ 210 440 900 • www.inspirasanta martahotel.com • 100-365 €, petit déjeuner 17 €.

CAMPO GRANDE, LUMIAR ET MONSANTO

15

Si vous avez épuisé tous les musées du centre, en route pour les quartiers nord de Lisbonne ! Campo Grande et Lumiar ont aussi de beaux musées (faciles d'accès en métro), bien qu'un peu noyés au milieu des tours et des axes routiers... Le parc forestier de Monsanto, poumon vert de la ville, abrite une délicieuse *quinta* qui émerveillera les amoureux de vieilles demeures. À Luz, les fans de foot plongent dans la légende du Benfica.

Jardin zoologique

1 Museu de Lisboa✦

C'est au sein du beau palais Pimenta (XVIIIe s.) que le **musée de la Ville** a déposé ses collections de tableaux, de maquettes, d'azulejos... pour conter l'histoire de Lisbonne de la préhistoire au XIXe s. Et, surprise, dans le parc se cachent abeilles, grenouilles et chats en céramique du sculpteur Bordalo Pinheiro.

Campo Grande, 245 • ☎ 217 513 200 • www.museudelisboa.pt • Mar.-dim. 10h-18h ; f. 1er janv., 1er mai, 24-25 et 31 déc. • Entrée : 3 €.

2 Museu Bordalo Pinheiro✦

Artiste prolifique hors norme, Rafael Bordalo Pinheiro (1846-1925) a laissé derrière lui d'innombrables dessins et peintures passant au crible la société portugaise du XIXe s. et du début du XXe s, ce qui a fait de lui le caricaturiste le plus célèbre du pays. Zé Povinho, son fameux personnage, le (« M. Tout-le-

Monde portugais »), est le plus populaire. Pinheiro est aussi connu pour ses étonnantes céramiques.

Campo Grande, 382 • 215 818 540 • museubordalopinheiro.cm-lisboa.pt • Mar.-dim. 10h-18h ; f. 1er jan., 1er mai et 25 déc. • Entrée : 3 €.

3 Museu Nacional do Traje e Da Moda✦✦

Le chemin n'est pas des plus agréables, mais quel bonheur une fois sur place ! À l'orée du parc Monteiro-Mor, un élégant palais du XVIIIe s. abrite le **musée du Costume et de la Mode.** Les collections des XVIIIe et XIXe s. comprennent des robes à crinoline et des costumes de cérémonie de la noblesse portugaise.

Largo Júlio de Castilho • 217 567 620 • www.museudotraje.gov.pt • Mar.-dim. 10h-18h ; f. 1er janv., dim. de Pâques, 1er mai, 13 juin, 24 et 25 déc. • Entrée : 4 € ; parc de Monteiro-Mor : 3 € ; billet combiné museu nacional do Teatro, museu nacional do Traje et parque do Monteiro-Mor : 6 €.

4 Museu Nacional do Teatro e da Dança✦

Le palácio do Monteiro-Mor, qui abrite le **musée national du Théâtre et de la Danse,** vous invite en coulisses : costumes et accessoires de scène, affiches, photographies, figurines, théâtres miniatures, dessins, portraits et caricatures… Après cette plongée dans les arts du spectacle, flânez dans les agréables **jardins** du palais ou faites une pause à la cafétéria.

Estrada do Lumiar, 10 • 217 567 410 • www.museudoteatroedanca.pt • Mar.-dim. 10h-18h ; f. 1er janv., dim. de Pâques, 1er mai, 13 juin et 25 déc. • Entrée : 4 € ; billet combiné museu nacional do Teatro, museu nacional do Traje et parque Bôtanico Monteiro-Mor : 6 €.

5 Estádio da Luz✦✦

Voici la « cathédrale » des benfiquistas, supporters des diables rouges du Benfica, l'un des trois grands clubs portugais avec le Sporting Clube de Portugal et le FC Porto. Après la visite du stade construit pour l'Euro 2004,

Retiros et quintas

Autrefois, la ville était entourée de *retiros* et de *quintas*, deux symboles de l'art de vivre à la portugaise. Le *retiro* est une belle maison toute proche de la ville mais suffisamment en retrait pour qu'on y séjourne en paix, à l'image du palácio Pimenta (museu de Lisboa, voir p. 158 et ci-dessus) ou du palácio do Monteiro-Mor (museu nacional do Teatro et da Dança, ci-dessus). La *quinta*, elle, est une grande demeure dotée d'une vaste propriété agricole. Véritable villa pourvue de jardins d'agrément qui s'ajoutent aux terres cultivables, elle ressemble plus souvent à un petit palais qu'à une ferme ! Le plus bel exemple ? Le palácio dos Marqueses de Fronteira (voir ci-dessous).

plongez dans l'histoire de ce club mythique fondé en 1904 au musée Benfica Cosme Damião, où l'on suit la trace de joueurs de légende comme Eusébio et Paulo Futre.

Av. General Norton de Matos • ☎ 217 219 590 • www.slbenfica.pt • Stade et musée : mar.-dim. 10h-18h; visite libre du stade 10h-12h30 et 14h-17h30, visites guidées l'apr.-m. • Stade : 12,50 €, musée : 10 €, stade + musée : 17,50 €; match : 20-45 €.

6 Jardim Zoológico⁺⁺

On peut y observer plus de 2 000 animaux de tous les continents et profiter de nombreuses attractions et spectacles : shows de dauphins, nourrissage des otaries et des pélicans, ferme pour les enfants, promenade en téléphérique ou en train (payant)… La première zone du parc, gratuite, est un excellent point de chute pour une halte familiale : snacks, aires de jeux, manèges (payants).

Estrada de Benfica, 158 • ☎ 217 232 900 ou 217 232 940 • www.zoo.pt • 21 mars-20 sept. : t.l.j. 10h-20h; 21 sept.-20 mars : t.l.j. 10h-18h • Entrée : 22,50 €; 3-12 ans : 14,50 €.

7 Palácio dos Marqueses de Fronteira⁺⁺⁺

Située dans le parc de Monsanto, cette *quinta* du XVIIe s. est l'une des plus belles du Portugal. Jalonné de bassins, de sculptures et de compositions d'azulejos exceptionnelles, le parc est

Palácio dos Marqueses de Fronteira

enchanteur. Parcourez la **galerie des Rois,** la **Casa do Fresco** et la terrasse, puis le palais et sa superbe **salle des Batailles** tapissée d'azulejos illustrant les grandes victoires du Portugal. La *quinta* est habitée par les descendants du fondateur, dom João Mascarenhas, premier marquis de Fronteira.

Largo de São Domingos de Benfica, 1, Bus 770 depuis le M° Jardim Zoológico ou taxi (conseillé) • ☎ 217 782 023 • www.fronteira-alorna.pt • Visites guidées : juin-sept. lun.-sam. 10h30, 11h, 11h30 et 12h; oct.-mai lun.-sam. 11h et 12h • Entrée : 13 €; jardin : 7 €.

Pause en plein air : Café Concerto

Cube design posé au milieu du jardim do Campo Grande, le Café Concerto permet de siroter un *bica* confortablement installé en terrasse, en profitant de la fraîcheur du parc. À l'heure du déjeuner, de belles assiettes font leur apparition. Un joli choix et des plats bien présentés dans une ambiance décontractée.

81 *Jardim do Campo Grande • ☎ 217 580 037 • Facebook : Cafe Concerto • Lun.-ven. 10h-18h • Plats : moins de 10 €.*

PARQUE DAS NAÇÕES

16

Le parc des Nations, site de l'Exposition universelle de 1998, a réussi avec brio la reconversion en espace de loisirs de l'ex-quartier industriel Xabregas. Entre architecture design et œuvres d'art contemporain en plein air, fontaines et jardins rafraîchissants, terrasses au bord de l'eau, activités nautiques et attractions pour petits et grands (l'aquarium est un must), c'est la balade du week-end pour bon nombre de Lisboètes !

Centro Vasca da Gama

1 Estação do Oriente✦✦✦

Métro, bus et trains desservent la gare monumentale conçue par l'architecte Santiago Calatrava. Dès la sortie du métro, la fresque d'azulejos façon pop art de l'Islandais Erró vous plonge dans l'univers marin entre sirènes musclées, pieuvres tentaculaires et tragédie du *Titanic*. En sortant, retournez-vous sur l'architecture spectaculaire de verre et d'acier de la façade, tout droit sortie d'un roman de science-fiction.

Av. Dom João II.

2 Centro Vasco da Gama✦✦

Inauguré en 1999, c'est le plus design des centres commerciaux lisboètes. Avec ses 170 boutiques réparties sur 46 000 m² et ses 15 millions de visiteurs par an, il symbolise la réussite de la reconversion de cette partie de la ville.

Av. Dom João II, 40 • ☎ 218 930 601 • www.centrovascodagama.pt • T.l.j. 8h30-23h.

3 Parque das Nações✦✦✦

Dédié au thème de l'océan, le site de l'Exposition universelle de 1998 se déploie tout en lignes courbes et blanches. Promenez-vous et admirez le **pavilhão Atlâ@ntico,** le grand auditorium de Lisbonne aux airs de soucoupe volante, et le **pavilhão de Portugal** d'Álvaro Siza Vieira, évoquant une feuille de papier posée sur deux briques. Les enfants adoreront les volcans d'eau de la **Alameda dos Oceanos** et les jeux d'eau des **jardins d'Água.** Face aux **jardins Garcia de Orta,** qui proposent une promenade exotique dans les anciennes colonies portugaises, la **rua da Pimenta** aligne cafés et restaurants.

T.l.j. 24 heures/24 • Entrée gratuite.

4 Pavilhão do Conhecimento✦✦✦

Un musée moderne, interactif et ludique pour petits et grands. Dans l'**Exploratorium**, capturez votre ombre et manipulez une tornade ! Les enfants pourront s'amuser avec un lit de fakir, une voiture à roues carrées et des jeux pour comprendre les phénomènes scientifiques.

Largo José Mariano Gago, 1 • ☎ 218 917 100 • www.pavconheci mento.pt • Mar.-ven. 10h-18h, sam.-dim. et j.f. 11h-19h, (ouv. t.l.j. juin-août) • Entrée : 10 €; 3-11 ans 7 €; 12-17 ans 8 €.

5 Oceanário de Lisboa✦✦✦

L'Oceanário est l'un des plus grands aquariums d'Europe. Un bassin central et quatre bassins latéraux illustrent les habitats côtiers et sous-marins des océans Indien, Pacifique, Atlantique et Antarctique. Observez l'incroyable poisson-lune et les étonnants dragons de mer !

Pause au bord du Tage : la República da Cerveja

Dans ce quartier très prisé des franchises, República da Cerveja n'échappe pas à la règle. Mais avec sa grande salle et sa terrasse au bord du Tage, l'établissement est une bonne option dans le quartier. Sa carte fait la part belle aux *bifes* (steaks) mais propose aussi quelques plats de poisson, à déguster avec une bière, la spécialité de la maison.

83 *Jardim das Tágides, Parque das Nações • ☎ 218 877 559 • https://republicadacerveja.pt • T.l.j. 12h-minuit (1h ven., sam. et veille j.f.) • Steaks : 9-21 € selon le poids, menu enfant.*

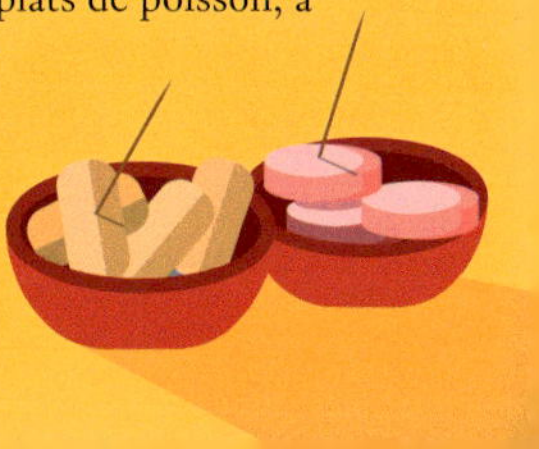

Esplanada Dom Carlos I • 218 917 000 • www.oceanario.pt • T.l.j. 10h-20h (hor. spéciaux 25 déc. et 1er janv.) • Entrée : exposition permanente 19 € (4-12 ans 10 €).

6 Telecabine Lisboa★★

Pour une vue épatante sur le Tage, le pont Vasco-da-Gama et le parc des Nations, offrez-vous une balade dans les airs à bord de cette télécabine à 30 m au-dessus de l'eau. Elle longe les quais sur plus de 1 km (8-12 min), de l'Oceanário à la tour Vasco-da-Gama.

Passeio de Neptuno (station S) ou passeio das Tagides (station N) • 218 956 143 • www.telecabine lisboa.pt • juin-3 juil. et mi-sept. au 14 oct. : t.l.j. 11h-19h (20h 4 juil.-13 sept.); 25 oct.-12 mars : 11h-18h •Tarif : 4,50 € aller, 6,50 € A/R; 4-12 ans 3 € aller, 4,50 € A/R.

7 Ponte Vasco da Gama★★

Ce pont sur le Tage relie la partie orientale de Lisbonne à la localité de Montijo, au sud-est. Inauguré en 1998, il a permis de résoudre une grande partie des problèmes de circulation entre le nord et le sud du pays. Avec le tunnel sous la Manche, c'est l'un des plus grands projets de génie civil européen de la fin du XXe s. : pas moins de 18 km (dont 10 au-dessus du fleuve) et six voies de circulation ! La technique est celle du pont de Normandie : un pont à haubans avec une travée centrale de 420 m soutenue par deux pylônes de 150 m de hauteur.

Restos Bistrots

Cantinho do Avillez

Portugais moderne 82

C'est l'une des tables du jeune chef star portugais José Avillez, doublement étoilé pour ses petits miracles culinaires au célèbre Belcanto (voir p. 46). Mais la bonne nouvelle, c'est que le « petit coin d'Avillez » est une cantine relax et branchée tout à fait abordable, où l'on peut se régaler de plats portugais revisités. Allez-y plutôt au déjeuner.

Rua do Bojador, 55, M° Oriente • ☏ 218 700 365 • www.cantinhodoavillez.pt • Dim.-jeu. 12h-15h et 19h-minuit, ven.-sam. 12h-23h • Plat : 17-40 € • Résa conseillée.

Casino Lisboa

VOIR AUSSI P. 163 :

República da Cerveja 83

Bars, clubs Sorties

Altice Arena

Concerts 65

La grande salle de concerts de Lisbonne accueille les concerts rock et pop d'envergure internationale. Attention, les places sont chères.

Pavilhão Atlântico, Parque das Nações, Rossio dos Olivais, M° Oriente • ☏ 218 918 409 • www.arena.altice.pt • Billetterie ABEP, Fnac ou en ligne.

Casino Lisboa

Casino 66

Ce casino moderne et géant ne compte pas moins de 3 restaurants, 4 bars, 1 salle de spectacle, 1 000 machines à sous et 22 tables de jeu.

Alameda dos Oceanos, M° Oriente • ☏ 218 929 000 • www.casino-lisboa.pt • Dim.-jeu. 15h-3h, ven.-sam. et veilles de j.f. 16h-4h.

SINTRA ET QUELUZ

17

À une demi-heure de Lisbonne, Sintra est encore le « glorieux Éden » romantique décrit par Lord Byron. On comprend que la famille royale et la Cour y aient élu domicile et que les poètes et les écrivains du XIXe siècle soient venus y chercher l'inspiration... Entre Lisbonne et Sintra, le palais national de Queluz est une autre splendeur à découvrir.

Comment y aller ? Voir carnet pratique p. 178

Palais de Sintra

1 Palácio Nacional de Sintra***

Ancienne résidence principale de la Cour, ce château unique en son genre devint le palais d'été préféré des souverains portugais. C'est ici notamment que le roi Afonso VI fut emprisonné dans l'une des chambres du palais de 1674 à 1683, à la suite de sa destitution par son propre frère, qui s'empara de son royaume... et de sa femme.

Un palais patchwork

Du XIIIe au XVIe s., chaque monarque apposa sa marque et fit du palais un étonnant patchwork de styles : forteresse médiévale sous Dinis Ier au XIIIe s., façade gothique au XIVe s. sous João Ier, et une superbe Alhambra noyée dans la végétation luxuriante avec Manuel Ier au début du XVIe s. !

Sala árabe

Après la visite de la salle des Archers et des cuisines, pénétrez dans l'univers mauresque de

Manuel Ier. Au centre de la **salle arabe**, des tritons et des chevaux convoitent un bassin très oriental.

Sala dos Brasões

La **salle des Blasons** (XVIe s.) est recouverte d'azulejos bleus représentant des scènes de chasse, de danse et des figures mythologiques. Son plafond octogonal est décoré des blasons de grandes familles du Portugal.

Sala das Pegas

La **salle des Pies**, ancienne salle de lecture, est une illustration sarcastique de João Ier faisant référence aux cancans incessants des dames de la Cour. Vous ne serez donc pas surpris de voir des pies au plafond !

Pátio central

Le **patio central**, avec sa fontaine entourée de plantes vertes et ses azulejos émaillés, est digne de ceux de Grenade ou de Séville.

Sala dos Cisnes

La **salle des Cygnes**, autrefois réservée aux banquets, est la plus vaste du palais. Elle a conservé son plafond grandiose peint de cygnes à couronne royale (XVIIe s.).

Praça da República, largo Rainha Dona Amélia • ☎ 219 237 300 • www.parquesdesintra.pt • Avr.-oct. : t.l.j. 9h30-19h ; nov.-mars : t.l.j. 9h30-18h ; f. 1er janv. et 25 déc. • Entrée : 10 €.

2 News Museum✦✦

Le dernier-né des musées de Sintra est dédié à l'actualité et au journalisme. Créé par Luís Paixão Martins, ancien journaliste et expert en communication publique, ce musée interactif permet au visiteur de présenter le journal face caméra avec un promptcur, d'enfiler un casque de réalité virtuelle pour plonger dans un monde parallèle, de remonter le temps en admirant les couvertures des newsmagazines les plus emblématiques, ou encore de prendre place dans un studio radio. Un musée ludique et passionnant !

Pause tradition : la Fábrica das Verdadeiras Queijadas da Sapa

À déguster sur place ou à emporter, la *queijada*, petite tartelette au fromage et aux amandes, tendre et croustillante à la fois, est la pâtisserie star de la maison. Autres spécialités : des petits flans à l'orange et des variantes des *pastéis de nata*. Ne manquez pas la jolie arrière-salle.

85 *Volta do Duche, 12, Sintra • ☎ 219 230 493 • Facebook : Fábrica das Verdadeiras Queijadas da Sapa • mar.-jeu. 10h-18h30 (ven. 18h), sam.-dim. 10h-19h.*

Rua Visconde de Monserrate, 26 • ☎ 210 126 600 • www.newsmuseum.pt • mer.-sam. 10h-17h (lun., mar. et dim. sur rés.); f. 25 déc. • Entrée : 8 €.

3 Palácio Nacional da Pena✦✦✦

Perché sur un piton de la serra de Sintra, le **palais de Pena** (XIXe s.) rappelle les châteaux féeriques de Louis II de Bavière. On le doit au prince Ferdinand de Saxe-Cobourg-Gotha, époux de la reine Maria II. Son architecture fantaisiste est un pastiche de styles. Une promenade dans le parc à flanc de colline est l'occasion de découvrir la vallée des lacs, une ferme, la grotte du moine, des pavillons, des sources ainsi que de superbes panoramas sur les environs.

Estrada da Pena • ☎ 219 237 300 • www.parquesdesintra.pt • **Palais** *: avr.-oct., t.l.j. 9h30-19h (nov.-mars 18h 30) •* **Parc** *: avr.-oct. t.l.j. 9h30-20h; nov.-mars t.l.j. 9h-19h. Horaires variables, se renseigner avant • Entrée : palais et parc 14 € (parc seul 7,50 €).*

4 Castelo dos Mouros✦

Du **château des Maures** du IXe s., au nord du parc de Pena, il ne reste que les ruines d'une muraille restaurée à la fin du XIXe s. Si vous avez le courage d'y grimper (10 min à pied de la billetterie), vous serez récompensé par un sublime panorama sur Sintra et la serra.

Estrada da Pena • ☏ 219 237 300 • www.parquesdesintra.pt • Avr.-oct. : t.l.j. 9h30-20h; nov.-mars : t.l.j. 9h-18h30 • Entrée (billetterie sur le parking) : 8 €.

5 Quinta da Regaleira**

Sorti de l'imaginaire du richissime homme d'affaires Carvalho Monteiro au début du XXe s., ce délirant palais néomanuélin grouille de symboles ésotériques et se noie dans la végétation d'un splendide jardin parsemé de statues, de monuments fantaisistes, de grottes mystérieuses et d'un puits initiatique dont l'escalier en colimaçon de 27 m évoque une descente aux enfers…

Rua Barbosa du Bocage, 5 • ☏ 219 106 650 • www.regaleira.pt • T.l.j. 10h-18h30h; f. 24, 25 déc. et 1er jan. • Entrée : 10 €, visite guidée (1h30, sur résa) 15 €.

6 Palácio Nacional de Queluz**

Ce palais construit pour la reine Maria Ire (1777-1816) est un feu d'artifice d'azulejos. Son architecture d'inspiration italienne lui donne des faux airs de château de Versailles, jardins à la française compris. L'intérieur est saisissant de dorures, de décorations baroques, la **salle du Trône** étant la plus spectaculaire. Ne manquez pas le **canal** bordé d'azulejos sur lequel aimaient naviguer les membres de la famille royale.

Largo Palácio de Queluz, Queluz • ☏ 219 237 300 • www.parquesdesintra.pt • Avr.-oct. t.l.j. 9h-19h; nov.-mars t.l.j. 9h-18h • Entrée : palais et jardins 10 € (avr.-oct.), jardins seuls : 5 €.

Restos | Bars | Hôtels | Shopping | Activités

Restos Bistrots

Pastelaria Piriquita et Piriquita Dois

Pâtisserie 84

Au XIIe s. déjà, les *queijadas* étaient appréciées des rois. La pâtisserie Piriquita, fondée en 1862, a gardé le secret de la fabrication de ces tartelettes au fromage et aux amandes. Essayez aussi les *travesseiros*, une autre spécialité de Sintra, à la crème et aux amandes. Le salon de thé Piriquita Dois, un peu plus haut dans la rue, permet de déguster ces délices assis.

Rua das Padarias, 1 et 18 • ☏ 219 230 626 • www.piriquita.pt • T.l.j. 9h-18h • Pâtisserie : env. 1 €.

VOIR AUSSI P. 167 :

Fábrica das Verdadeiras Queijadas da Sapa 85

LA COSTA DO SOL ET LA RIVE SUD DU TAGE 18

Envie de lézarder sur le sable ou de prendre un bain vivifiant dans les eaux de l'Atlantique? Grâce au train du littoral, les plages de la Costa do Sol sont à portée de Lisbonne! L'occasion d'explorer la riviera, curieux mélange de cités balnéaires chic, de banlieues résidentielles et de fortifications datant du XVIIe siècle. Un splendide panorama sur Lisbonne vous attend sur l'autre rive du Tage, avec d'autres plages autour de Costa da Caparica.

Comment y aller? Voir carnet pratique p. 178

Cascais

1 Praia dos Carcavelos✦

À 20 min en train de la gare de Cais do Sodré, cette longue plage de sable doré est la plus facile d'accès depuis Lisbonne. Revers de la médaille, c'est aussi l'une des plus courues en été. Au programme, bronzette et farniente (location de transats et de parasols), sports de plage et plaisirs de la glisse : kayak de mer, kite-surf et surf. Bars et restaurants en bordure de plage.

2 Estoril✦✦

La réputation d'Estoril remonte aux années 1930. Tout le beau monde de l'époque s'y retrouvait en villégiature. Dans les années 1940, les têtes couronnées d'Europe s'y réfugièrent dans un exil doré : Umberto II d'Italie, Carol II de Roumanie, le comte de Paris, etc. Après-guerre, le faste de la riviera attira les stars du grand écran : Rita Hayworth, Orson Wells, Grace Kelly… Aujourd'hui, Estoril reste un rendez-vous mondain. Beaucoup de familles aristocratiques et de personnalités du show-biz y ont encore une villa et se retrouvent pour le Grand Prix de formule 1, sur les terrains de golf ou au plus grand **casino** d'Europe (✆ 214 667 700, www.casino-estoril.pt, t.l.j. 15h-3h). Pour un bon bol d'air, suivez le chemin côtier jusqu'à Cascais (env. 2 km).

Casa das Histórias, Cascais

Pause au bout du monde : Ponto Final

Qui pourrait croire que l'une des plus belles terrasses de Lisbonne se cache au milieu de ces docks désaffectés ? Au bord de l'eau, embrassant Lisbonne et le pont du 25-Avril, Ponto Final accueille les gourmets qui ont emprunté le bac pour une balade à l'écart du brouhaha. Et voici la récompense : un restaurant, ambiance « bout du monde », qui propose poissons grillés, riz aux fruits de mer et viandes rôties. Une carte authentique, des plats simples et des prix corrects.

87 *Rua do Ginjal, 72, Almada • ✆ 212 760 743 • Mer.-lun. 10h-minuit • Plats : 11,50-19 €.*

3 Cascais✦✦

Lieu de villégiature depuis le XIXe s., mais moins guindé qu'Estoril, Cascais a conservé le charme d'un village de pêcheurs avec son petit port et sa criée. Entre farniente sur la plage grande comme un mouchoir de poche et pause glace chez **Santini** (av. Valborn, 28 ; ☎ 214 833 709 ; lun.-jeu. 11h-20h, ven.-dim. 11h-23h), filez admirer les trésors indo-portugais du **palácio dos Condes de Castro Guimarães** (av. Rei Humberto II de Itália, ☎ 214 815 304, mar.-dim. 10h-18h, entrée : 4 €) ou les œuvres de Paula Rego à la **casa das Histórias** (voir ci-dessous).

Casa das Histórias

C'est un bâtiment ocre, massif et aveugle, une très belle architecture géométrique qui abrite l'œuvre de Paula Rego (1935). Cette plasticienne formée à Londres et presque inconnue du public français se voit consacrer un musée de son vivant. Au cœur de ses préoccupations, la femme, le corps humain, l'avortement, la vieillesse, les fantasmes de l'enfance, les maltraitances… Si l'accrochage change souvent, les œuvres exposées sont toujours accompagnées de notices éclairantes.

Av. República, 300 • ☎ 214 826 970 • www.casadashistoriaspaularego.com • Mar.-dim. 10h-18h ; f. 1er mai et 25 déc. • Entrée : 5 €.

4 Praia do Guincho✦✦

Vous pouvez rejoindre la **plage de Guincho** par une piste cyclable en louant un vélo à la gare de Cascais (p. 172). En chemin, la

Boca do Inferno forme un gouffre spectaculaire où l'eau vient se fracasser sur la roche par jour de tempête. Balayée par les vents, la plage de Guincho, célèbre pour ses rouleaux impressionnants, attire surfeurs et véliplanchistes du monde entier. À défaut de se jeter à l'eau (la baignade est dangereuse), c'est un spot idéal pour observer l'Atlantique rugissant.

5 Cabo da Roca✦✦

« Onde a terra acaba e o mar começa » (« Où finit la terre et commence la mer. »), selon Luís de Camões. Le **cap da Roca,** point le plus à l'ouest du continent européen, est un bout de lande rappelant la Bretagne : une végétation d'ajoncs battue par les vents et les rouleaux de l'océan qui se brisent sur les rochers. Seul le phare témoigne depuis 1772 du passage des hommes sur ces terres désolées. On se sent vraiment au bout du monde.

6 Cristo Rei✦

Copie de la statue du Christ du Corcovado à Rio de Janeiro, le Cristo Rei trône à l'embouchure du Tage. Construit en 1959, il est perché sur l'une des plus hautes collines de la rive gauche, sur un piédestal de 80 m. Un ascenseur permet d'accéder à sa terrasse panoramique. La vue sur la ville y est splendide !

Almada, bac Cais do Sodré-Cacilhas/ Almada, puis bus 101, arrêt Cristo Rei • ☏ 212 751 000 • www.cristorei.pt • mer.-lun. 10h30-18h30• Entrée : 5 € (8-12 ans 2,50 €).

Cristo Rei

7 Les Plages de Costa da Caparica⁺⁺

Point de chute de nombreux Lisboètes en période estivale, Costa da Caparica étend ses interminables plages qu'un petit train relie entre elles sur 10 km. Une ambiance familiale, beaucoup de surfeurs et de nombreuses petites terrasses où siroter une boisson fraîche ou déguster quelques fruits de mer, spécialité locale.

Restos | Bars | Hôtels | Shopping | Activités

Restos Bistrots

O Viriato

Portugais traditionnel 86

Une cuisine familiale traditionnelle de bon aloi pour cette adresse à l'écart des sentiers touristiques. De la soupe (1,90 €) au plat du jour en passant par les poissons sur l'étal, tout est frais du matin ! Une carte simple, typique, à base de poisson grillé et de brochettes. L'adresse attire les habitants du quartier comme les gens de passage, dans un décor suranné, entre boiseries et nappes à petits carreaux.

Av. Vasco de Gama, 34, Cascais • ☎ 214 868 198 • www.restaurante oviriatocascais.com. • Mer.-lun. 12h-15h30 et 19h-23h • Plat du jour : 10 €.

VOIR AUSSI P. 171

Ponto final 87

Activités Détente

Apprendre à faire des Pastéis de Nata

Mettez la main à la pâte avec João Batalha pour apprendre à confectionner le délicieux petit gâteau lisboète au cœur de crème. Histoire de famille depuis cinq générations, la **pastelaria Batalha** propose un atelier tous les jours entre 17h et 19h.

https://pastelariabatalha.com

Fabrication des pastéis

PORTO ROUGE, PORTO BLANC

Il y a porto et porto. Selon les raisins, l'année, le procédé de vinification et le temps de vieillissement, le porto sera très différent.

Lexique du porto

La couleur du raisin détermine la robe. À raisins blancs, porto *branco* (blanc). À raisins rouges, porto *ruby* ou *tinto* (rouge) ou porto *tawny* ou *aloirado* (mordoré).

Selon la provenance des raisins et le procédé, on parle de : *blends* (assemblage de raisins d'années et de vignes différentes, vieillis 3 ans) ; *quintas* (portos provenant d'une seule propriété, vieillis au moins 3 ans) ; *colheitas* (sélections d'années millésimées, vieillies en fût pendant 7 ans) ; *Late Bottled Vintage (LBV;* millésimes gardés 4 à 6 ans en fût puis embouteillés et commercialisés) ; *vintage* (millésime correspondant à une année exceptionnelle, gardé 2 ans en fût puis vieilli en bouteilles 10 à 30 ans, ou plus).

Bouteilles de Porto

L'art et la manière

Le porto *branco* sec se sert en général frais à l'apéritif alors que le *ruby* ou *tawny* ordinaire (3 ans) se boit en fin de repas avec fromage ou dessert. Un porto de plus de 10 ans se déguste en digestif. Pour des occasions très spéciales, choisissez un LBV ou un vintage ; il faut alors conserver la bouteille couchée, l'étiquette tournée vers le haut, et, avant de le consommer, le laisser décanter pendant quelques heures afin que le dépôt reste à l'intérieur.

ORGANISER SON WEEK-END

Céramique traditionelle de Lisbonne

L'ESSENTIEL

Quand partir ?

- Lisbonne est accueillante toute l'année grâce à un **climat océanique tempéré** : jamais vraiment froide en hiver, ni trop chaude en été.
- **Juin**, avec ses fêtes des saints populaires, est le moment idéal pour découvrir des quartiers en liesse.
- **En décembre**, pour les fêtes de Noël, Lisbonne se pare d'une profusion de décorations, les magasins ouvrent les samedis et dimanches, et les vitrines sont superbes. C'est aussi l'occasion de goûter aux pâtisseries de Noël.

Formalités

Si vous êtes **ressortissant de l'UE**, vous devez être en possession d'une carte nationale d'identité ou d'un passeport en cours de validité.

Comment y aller ?

De Paris (Paris-Charles-de-Gaulle 2D et Paris-Orly), il existe des vols réguliers quotidiens avec **Air France** et **TAP Air Portugal**. Ces deux compagnies proposent également des départs de grandes villes de province. Les offres promotionnelles sont fréquentes, regardez leur site Internet.

D'autres compagnies – **Easyjet, Vueling, Ryanair et Transavia** – desservent aussi Lisbonne en vol direct depuis Paris ou la province.

Budget

- Le Portugal est dans la zone euro.
- Sauf si vous choisissez un hôtel de luxe et des restaurants très à la mode, la vie à Lisbonne n'est pas très chère.

Dans quel quartier loger ?

- La **Baixa** est le quartier le plus central et le mieux desservi par les transports en commun. À moins de vouloir être au cœur de l'animation nocturne, évitez les zones de bars très bruyantes du Bairro Alto (autour de la rua Diarío de Noticias), de Bica (autour du funiculaire) et du Cais do Sodré (autour de la rua Nova do Carvalho).

À savoir

Les **enfants mineurs** doivent posséder leur propre carte d'identité ou passeport. S'ils ne sont pas accompagnés de leurs parents, une autorisation de sortie du territoire est nécessaire. Formulaire à télécharger sur : **www.service-public.fr/particuliers/vosdroits/F1359**

Direction le **Chiado** et **Príncipe Real** pour l'ambiance *trendy* ou le **Castelo** et l'**Alfama** pour un séjour romantique.

Les grands hôtels internationaux se concentrent sur l'avenida da Liberdade.

Se renseigner

Ask Me Lisboa est un réseau de 13 points d'information touristique situés à Lisbonne et dans sa région.

Infos : www.visitlisboa.com

Adresses

Une adresse à Lisbonne comprend un nom de rue, un numéro, et bien souvent une lettre (A, B, C ou D). Palais aristocratiques, demeures historiques et maisons anciennes n'avaient à l'origine qu'un seul numéro. Depuis, ils ont été divisés en logements et en boutiques sans que la numérotation ne soit revue : la lettre permet donc de trouver la bonne porte !

Retirer de l'argent

- Le Portugal étant un pays de la zone euro, vous pouvez y effectuer retraits et paiements par carte aux mêmes conditions tarifaires qu'en France (pas de commission pour la plupart des cartes bancaires).
- Attention, certains commerces et restaurants n'acceptent que les règlements en espèces.

Combien ça coûte ?

Ticket de métro : 1,50 €

Course en taxi dans le centre : 7 €

Entrée dans un musée : 2-10 €

Déjeuner sur le pouce : 5-10 €

Repas dans un restaurant : 15-25 €

Spectacle de fado (dîner inclus) : 25-45 €

Entrée dans un club : 5-25 €

Pourboire

Le pourboire est facultatif mais bienvenu.

Heure locale

Il y a 1 h de décalage entre le Portugal et la France : quand il est midi à Paris, il est 11 h à Lisbonne.

Téléphoner

Pour téléphoner à Lisbonne depuis la France : 00 351 + numéro de votre correspondant.

Pour téléphoner en France depuis Lisbonne : 00 33 + numéro de votre correspondant sans le 0.

Les frais d'itinérance (roaming) ne sont plus facturés par votre opérateur lors de vos voyages au sein de l'Union européenne. Vos communications à Lisbonne vous coûteront le même prix que vos communications nationales. Renseignez-vous auprès de votre opérateur.

- **Pompiers, police, ambulance** : 112
- **Police touristique** : ☎ 213 421 623

Arriver à Lisbonne

Rejoindre le centre-ville en...	Prix	Durée
Bus **Aérobus n° 1 et n° 2** (Arrêt devant le hall des arrivées). www.aerobus.pt	4 €, 6 € AR vendu à bord, -10 % vendu en ligne.	Départ t.l.j toutes les 20 min. 8 h-21 h Durée du trajet : 30 min.
Métro **Ligne rouge** (Vermelha) dessert le Terminal 1, une navette permet de rejoindre le Terminal 2. www.metrolisboa.pt	1,50 €	Durée du trajet de l'aéroport au centre ville : 30 min.
Taxi	12-15 € selon l'adresse, l'heure d'arrivée et le nombre de bagages.	

Se déplacer à Lisbonne

Dans le centre de Lisbonne, il est conseillé de circuler à pied et d'utiliser transports en commun et taxi.

Les transports en commun

La société **Carris** gère les bus, les tramways, l'ascenseur de Santa Justa et les funiculaires.

☎ 213 500 115 • www.carris.pt.

***Casa da Sorte :** praça da Figueira, 1B (plan E3-4), ou praça Dom Pedro IV, 19 (plan E3-4) • T.l.j. 8h-20h.*

***Kiosque Santo Amaro :** rua 1° de Maio, 93 (hors plan par E1) • Lun.-ven. 8h-19h.*

***Kiosque Cais do Sodré :** en face de la gare (plan D5) • Lun.-ven. 8h-12h et 12h30-18h, sam. et j.f. 9h-18h.*

Applications mobiles gratuites

Pour faciliter vos déplacements en transports en commun, installez sur votre téléphone mobile l'**application officielle de Carris**, qui donne les trajets et les horaires en direct ou encore la version lisboète de **Citymapper**, qui en plus des transports inclut les taxis, le vélo et la marche à pied (toutes deux sur IOS et Android).

Le plan des transports est au verso du plan détachable.

Le métro

Les quatre lignes de métro offrent une excellente couverture de la ville (t.l.j. 6h30-1h).

📞 213 500 115 • www.metrolisboa.pt

Le tramway

Les six lignes de tramway (elétricos) fonctionnent de 6h/7h à 23h/minuit. Soyez très attentif aux **pickpockets**, en particulier sur les lignes 15E et 28E.

Les funiculaires et les ascenseurs

Les **funiculaires** (*ascensores*; 3,80 € A/R) et les **ascenseurs** verticaux (*elevador*) se révèlent très pratiques pour rejoindre les quartiers hauts.

Ascensor do Lavra :

Largo da Anunciada (plan D3), av. da Liberdade)/rua Câmara Pestana s· Lun.-ven. 7h50-19h55, sam.-dim. et j.f. 9h-19h55.

Ascensor da Glória :

Praça dos Restauradores/São Pedro de Alcântara (plan D3) · Lun.-ven. 7h-23h55 (00h25 le ven.), sam. 8h45-00h25, dim. et j.f. 9h15-23h55.

Ascensor da Bica :

Rua de São Paulo (rua Duarte Belo)/largo de Calhariz (plan D4-5). Lun.-sam. 7h-21h, dim. et j.f. 9h-21h.

Elevador de Santa Justa : accès au Chiado depuis la Baixa.

Rua do Ouro/largo do Carmo (plan E4)

Elevador do Castelo : Un double ascenseur classique reliant la Baixa à la Mouraria et au Castelo.

Rua dos Fanqueiros, 170-178/Largo Adelino Amaro da Costa, et Largo do Chão do Loureiro/Costa do Castelo • T.l.j 9h-21h – gratuit.

Le bus

Les bus circulent de 5h30 à 1h. Les arrêts (*paragem*) sont

Titres de transport mode d'emploi

La **Carte Viva Viagem** s'utilise sur tout le réseau Carris (bus, tramways, funiculaires, ascenseur de Santa Justa)/métro/ferrys Transtejo et dans les trains de la compagnie Comboios Portugal (CP.)

Vendue dans le métro et les points de vente Carris (0,50 €), elle est rechargeable de trois façons différentes. Attention, il faut épuiser une formule de voyage avant de pouvoir en charger une nouvelle.

Ticket unitaire	S'utilise sur le réseau Carris et dans le métro : 1,50 €.
Billet 24h illimité	6,40 € (Carris/métro), 9,50 € (Carris/métro/Transtejo), 10,55 € (Carris/métro trains de la compagnie Comboios Portugal (CP).
Option Zapping	(Carris/métro/Transtejo/CP) : charger la somme de son choix de 3 à 40 € (le ticket revient à 1,33 € au lieu de 1,50 €).

indiqués par des panneaux jaunes. L'itinéraire n'étant pas affiché dans le bus, le chauffeur pourra vous indiquer votre arrêt.

◗ Un service de **bus de nuit** (Rede de Madrugada) prend la relève de minuit à 5 h. Trois lignes utiles si vous faites la fête sur les *docas* : le 201 (arrêt Alcântara), le 206 et le 210 (arrêt Santa Apolónia) vous amèneront à Cais do Sodré.

Dans les tramways et les bus, la montée se fait à l'avant et la descente à l'arrière. N'oubliez pas de sonner pour demander l'arrêt dans les tramways et de faire signe au chauffeur de bus pour qu'il s'arrête à la station.

Le taxi

Les taxis sont nombreux et bon marché. Stations de taxis au Rossio (plan E3-4) et largo do Chiado (plan D4). La prise en charge est de 3,25 € (3,90 € soir et week-end).

Rádio Táxis de Lisboa : ☏ 218 119 000. Teletáxis : ☏ 218 111 100.

Le bateau

Lisbonne est un port et des *estações fluviais* (embarcadères), vous pourrez emprunter les cacilheiros, des bacs orange et blanc, pour rejoindre **Cacilhas et Trafaria** sur la rive opposée du Tage (voir Se déplacer dans les environs de Lisbonne ci-dessous).

Le vélo

Malgré ses collines pentues et ses ruelles étroites, Lisbonne accueille de plus en plus de cyclistes. Pour une balade sans danger, préférez les allées du Parque das Nações ou la piste cyclable (partagée avec les piétons) le long du Tage entre Cais do Sodré et Belém (env. 7 km).

Agence de location : Bike Iberia (Cais do Sodré) : largo Corpo Santo, 5 • ☏ 213 470 347 • www.bikeiberia.com • À partir de 16 €/j.

Se déplacer dans les environs de Lisbonne

Sintra

De la gare du Rossio (plan D3) : trains ttes les 10-20 min de 6h à 1h. Comptez 40-45 min de trajet.

Sur place, le bus 434 (ttes les 15-20 min devant la gare, A/R : 5,50 €) de la Scotturb dessert le Palácio de Sintra, le Castelo dos Mouros et le Palácio da Pena. Le bus 435 dessert la Quinta da Regaleira.

Queluz

De la gare du Rossio (plan D3), dir. Sintra, arrêt Queluz-Belas. Trains ttes les 10-20 min de 6h à 1h. Comptez 20 min de trajet.

Praia dos Carcavelos, Estoril et Cascais

De la gare de Cais do Sodré (plan D5), trains de la **linha do Cascais**, arrêt à Carcavelos (25 min), Estoril (35 min) et Cascais (40 min). Trains ttes les 20 min de 5h30 à 1h30.

Comboios de Portugal : ☏ 707 210 220 • www.cp.pt

Praia do Guincho

De Cascais à Guincho, la piste cyclable **Ciclovia do Guincho** offre une superbe balade (8,7 km). Vous pouvez louer un vélo à Cascais.

Scooters na Linha : rua Alexandre Herculano, 11 • ☏ 214 837 486 · http://scootersnalinha.com • Tl.j. 9h30-18h30 (mar.-dim. 10h-18h en hiver) • location de vélo à partir de 8 €/j.

Cacilhas

En bateau, du **terminal fluvial de Cais do Sodré** (plan D5).

☏ 808 20 30 50 • https://ttsl.pt • T.l.j. 5h35-1h40 • Trajet : 10 min • Billet (au terminal) : 1,30 € l'aller.

Plages de Costa da Caparica

- **De Lisbonne**, bus TST 153 (praça de Espanha, M° Praça de Espanha) ou bus TST 161 (praça Aeeiro, M° Aeeiro) jusqu'au terminus Costa da Caparica (45 min).
- **En ferry** depuis le terminal fluvial de Belém (au pied du MAAT ; lun.-sam. 7h-22h, dim. 8h30-21h30) jusqu'à Trafaria via Porto Brandão (25 min), puis bus TST 129 jusqu'au terminus Costa da Caparica (18 min).
- **De Cacilhas**, bus TST 124 jusqu'au terminus Costa da Caparica (45 min).
- **Sur place**, le petit train Transpraia relie les plages de la côte, de Nova Praia (station à l'extrémité sud de l'av. General Humberto Delgado) à Fonte da Telha.

Transpraia : ☏ 212 900 706 • www.transpraia.pt • 15 juin-15 sept. : t.l.j. 9h-20h • Billet : 8 € A/R.

Infos touristiques/ visite

Office de Tourisme

Ask Me Lisboa est un réseau de 13 points d'information touristique situés à Lisbonne et dans sa région.

Infos : www.visitlisboa.com

Points d'information principaux :

***Ask Me Lisboa Terreiro do Paço** (plan E5), M° Terreiro do Paço • ☏ 210 312 810 • T.l.j. 9h-20h.*

Lisboa Card

Disponible à l'office de tourisme, ce **pass** touristique permet de voyager en illimité sur tous les transports publics (y compris les trains pour Cascais et Sintra) et donne droit à l'entrée gratuite dans 26 musées et monuments, des réductions sur l'entrée d'autres sites, sur certains spectacles et circuits touristiques, ainsi que des remises dans certains magasins (19 € pour 24 h, 32 € pour 48 h et 40 € pour 72 h).

www.lisboacard.org

***Ask Me Lisboa Story Centre** (plan E5), M° Terreiro do Paço • ☎ 910 517 886 • T.l.j. 10h-20h.*

***Ask Me Lisboa Palácio Foz**, praça dos Restauradores (D3), M° Restauradores • ☎ 213 463 314 • T.l.j. 9h-20h.*

Visites guidées

Pour les voyageurs individuels, il existe de multiples façons d'explorer la ville et ses environs.

En Bus à impérial

Yellow Bus Tour

Au départ de la praça da Figueira, deux circuits en bus à ciel ouvert avec audioguide pour découvrir la vieille ville et les bords du Tage. Autre circuit : Belém et les bords du Tage ou la ville moderne jusqu'au parc des Nations.

☎ 218 503 225 • www.yellowbustours.com • Ticket : 17 €.

En tramway

Hills Tramcar Tour

Au départ de la praça do Comércio, ce tramway touristique rouge sillonne les vieux quartiers de Lisbonne avec commentaires audio et système de hop-on/hop-off.

Billet valable 24h, mi. avr.-oct. 9h30-19h ttes les 20 min, nov.-mi. avr. 9h30-17h30 ttes les 25 min · Billet : 20 €.

Sachez que l'on peut faire le même parcours avec le tram 28E pour 3 € (voir p. 95).

Tramcar Tour & Fado

Propose le même circuit avec un spectacle de fado (32 € ; voir coordonnées de Yellow Bus Tour ci-dessus).

En bateau

Palma Yachts

Plusieurs formules de mini-croisières (2h) en voilier sur le Tage.

Marina de Belém • ☎ 937 065 280 • www.palmayachts.com.

En tuk-tuk

Une balade originale en tuk-tuk motorisé. De nombreuses compagnies attendent à la praça do Comércio (plan E5) et à l'entrée du Castelo (plan F3-4). Optez pour la version *eco-friendly* avec un tuk-tuk 100 % électrique.

Eco Tuk Tour. : ☎ 910 802 000 • www.ecotuktours.com • Circuit 1h pour 2 pers. : 55 €.

Musées gratuits

La capitale regorge de musées et l'accès à certains d'entre eux est **gratuit** : Núcleo Arqueológico, museu da Guarda nacional republicana, museu do Dinheiro-Muralha D. Dinis.

Musées gratuits un jour par semaine : museu do Oriente (ven. soir), museu Coleçao Berardo (sam.), casa-museu Medeiros e Almeida (sam. matin), museu de São Roque (dim. mat.), museu Santo António (dim. mat.), Estufas (dim. mat.), museu de Lisboa (dim. mat.), museu Bordalo Pinheiro (dim. mat.), centro de Arte moderna (dim. ap.-m.), museu Calouste Gulbenkian (dim. ap.-m.).

Musées gratuits 1er dim. du mois : museu da Marinha, MAAT.

À pied

Lisboa Autêntica

Balades commentées de 3h ou 3h30 : Lisbonne vintage (Alfama, Mouraria), Lisbonne de l'autre rive et Lisbonne du XXIe s. etc.

☎ 913 221 790 • www.lisboaautentica.com • 15-45 €.

Lisbonne Âme & Secrets

Visites guidées en français (env 3h30) et hors des sentiers battus par des habitants amoureux de leur ville.

☎ 963 967 967 • www.lisbonne-ame-secrets.com • T.l.j. à 9h30 ou 16h sur résa • Visite : 25 €.

Lisbon Street Art tours

Ce collectif partage son amour du street art à travers une visite de 2h (en anglais ou en français).

☎ 920 232 229 • www.lisbonstreetarttours.com • Résa en ligne • Participation libre.

En chanson

Le musée du Fado et la Casa Comunitária da Mouraria organisent des visites chantées en portugais et en anglais, ou en français sur réservation.

***Mouraria :** Beco do Rosendo, 8-10 ☎ 218 885 203 • www.renovaramouraria.pt. • Sam. 15h, départ de la praça Martim Moniz, E5 · 10 €/pers.*

***Alfama :** Museu do Fado • www.museudofado.pt (voir p. 94) • 20 €/pers., ou 10 € au-delà de 4 pers.*

À vélo

Lisbon Bike Tour

Du parque Eduardo VII à la torre de Belém, une balade de 3h30 toute en descentes !

☎ 912 272 300 • www.lisbonbiketour.com • Départ t.l.j. à 9h30 sur résa • Visite (en anglais) : 32,50 €.

Excursion dans la baie de Sétubal

Vasco vous embarque en Jeep pour une journée sur la côte sauvage de la baie de Setúbal, au sud de Lisbonne. Au programme : observation de la faune et de la flore, balade mais aussi visite d'une fabrique traditionnelle d'azulejos et d'une cave de Moscatel.

Feathers & Scales : ☎ 915 158 399 • Facebook : Feathers & Scales • 50 € • Également excursions d'observation des dauphins et des oiseaux.

Les horaires

Les musées et monuments sont en général ouverts : mar.-dim. 10h-18h (16h/17h en hiver), f. le lun. (et parfois le mar., le mer. ou le dim.) ainsi que certains jours fériés (1er janv., dim. de Pâques, 1er mai et 25 déc.). Les musées secondaires font en principe une coupure le midi.

Infos Covid-19 ⚠

Compte tenu du contexte sanitaire, de nombreux sites et adresses sont amenés à restreindre leurs horaires d'ouverture et à s'adapter à la situation. Nous vous recommandons de vérifier les horaires et conditions de visite de chaque lieu et adresse sur leur site Internet ou leur page Facebook.

Les bons plans

Pensez aux **billets combinés** que proposent certains sites et musées pour faire des économies.

▶ Également de nombreuses formules de billets combinés pour les palais et parcs de Sintra et Queluz.

Où dormir

Hôtel ou Hostel

La classification officielle distingue l'**hôtel** de 2 à 5 étoiles, le ***residencial*** de 1 à 5 étoiles (hôtel sans restaurant), la ***pensão*** (pension, catégorie la plus basse), l'***hostel*** et la ***pousada de juventude*** (l'auberge de jeunesse). Cosy, modernes et bien décorés, les *hostels* sont parfaits pour les petits budgets, avec au choix l'option dortoir ou la chambre privée.

Réservation

Le boom touristique impose de réserver le plus tôt possible, surtout pour un séjour en haute-saison (juin-sept.). Lisbonne est désormais fréquentée toute l'année et certains hôtels peuvent afficher complet des mois à l'avance. Pour les réservations de dernière minute, adressez-vous directement à l'office de tourisme (p. 183).

▶ **Tarifs** : Sur place, vous devrez vous acquitter d'une taxe de séjour de 2 € par nuit et par personne en plus du prix de votre chambre.

Où manger

Pour les petits prix, on va dans une tasca ou une casa de pasto, petit restaurant populaire proposant une cuisine familiale. Tendance du moment, la taberna traditionnelle revisitée par de jeunes chefs joue aussi la carte des petits plats à prix doux, mais dans un décor plus stylé. Bières, poissons et fruits de mer sont au menu des cervejarias (brasseries) et marisqueiras, tandis que la churrasqueira est spécialisée dans les viandes

Jours fériés

1er janvier

Vendredi saint (mars ou avril)

25 avril (fête de la Liberté)

1er mai

Corpus Christi (mai ou juin)

10 juin (fête nationale)

13 juin Santo António

15 août

5 octobre (fête de la République)

1er novembre

1er décembre (restauration de l'Indépendance)

8 décembre

25 décembre

grillées. Enfin, on pourra goûter à toutes les cuisines des anciennes colonies portugaises (Cap-Vert, Mozambique, Brésil, Macao…) ou à la cuisine fusion de chefs créatifs.

Prix/budget

Attention, les petiscos (des amuse-gueules servis en début de repas sans que vous les ayez commandés), le pain et le beurre, et parfois le couvert (coperto), sont facturés, de même que l'eau, toujours servie en bouteille. Refusez tout de suite ce que vous ne voulez pas consommer car ce sont autant d'éléments qui viendront gonfler l'addition. Le service étant compris, le pourboire est facultatif, mais bienvenu. Les cartes bancaires ne sont pas toujours acceptées.

Les bons plans

Dans les petits établissements populaires, les portions sont abondantes, mais vous pouvez demander une meia dose (demi-portion) ou partager un plat à deux (dose), cela se fait au Portugal.

Où sortir ?

On trinque avec les Lisboètes de bar en bar dans les ruelles du Bairro Alto, grouillantes de monde à partir de minuit (en fin de semaine, c'est la folie !). Pour une ambiance moins frénétique, on migre vers le quartier gay de Príncipe Real, également prisé par les hétéros pour ses bars branchés, ou dans les bars cool de Bica. Plus tard, le Cais do Sodré attire les foules avec ses bars bohèmes et ses clubs éclectiques (rua Nova do Carvalho). Pour danser jusqu'à l'aube, on file sur l'avenida 24-de-Julho, les docks industriels d'Alcântara, de Santo Amaro ou de Santa Apolónia, fief des grands clubs (inutile d'y arriver avant minuit, voire 2 h du matin). Pour une soirée fado, direction l'Alfama.

S'informer

Procurez-vous le mensuel gratuit Agenda LX (www.agendalx.pt), l'agenda culturel le plus complet, disponible un peu partout. L'office de tourisme met à disposition le guide bilingue anglais-espagnol Follow Me, qui répertorieles événements du mois.

Réserver un spectacle

- ABEP

(kiosque vert, plan D3, M° Restauradores, ✆ 213 425 360, t.l.j. 9h30-20h, 19h en hiver, espèces slmt).

Se repérer

Chaque adresse est associée à une pastille de couleur numérotée.

- jaune pour les restaurants,
- violet pour les lieux de sortie,
- rose pour les boutiques.

Toutes les adresses sont positionnées sur les plans.

▶ Fnac Chiado
(rua do Carmo, 2, plan E4, M° Baixa-Chiado, ☎ 707 313 435, www.fnac.pt, t.l.j. 10h-23h).

Les théâtres ne prenant pas de réservations par téléphone, ces deux billetteries sont le moyen le plus simple pour réserver. Pensez aussi à la billetterie du théâtre avant la représentation et aux centrales de réservation en ligne : Ticket Line (www.ticketline.sapo.pt) et Blue Ticket (www.blueticket.pt).

Où faire du shopping ?

Petites boutiques spécialisées à l'ancienne, magasins chic et épiceries fines cohabitent dans la Baixa. La rua Augusta, qui mène à la praça do Comércio, regorge de boutiques emblématiques, tout comme ses voisines parallèles. Dans le Chiado, boutiques de mode et de déco sophistiquées se succèdent du côté de la rua Garrett et de la rua do Carmo. On dénichera les jeunes créateurs et les boutiques vintage, par nature éphémères, dans le Bairro Alto, et plusieurs boutiques branchées rua Dom Pedro V dans Príncipe Real – un quartier, d'ailleurs, qui attire les chineurs. Les grands noms de la mode portugaise s'affichent sur la très chic avenida da Liberdade. Procurez-vous le petit guide shopping ConVida (www.lisboa.convida.pt), mine de bonnes adresses. On le trouve dans les boutiques ou les bars, et il est gratuit.

Horaires

Dans les quartiers commerçants, les magasins sont en général ouverts du lundi au samedi de 10h à 19h, à l'exception des petits commerces qui font parfois une pause entre 13h et 15h et ferment le samedi après-midi (sauf en décembre). Les boutiques du Bairro Alto n'ouvrent pas avant midi mais ferment tard dans la soirée en fin de semaine.

Soldes

Les soldes d'hiver ont lieu de fin décembre à fin février, et les soldes d'été de mi-juillet à mi-septembre.

Fêtes & festivals

Février

Mardi gras
Le carnaval a lieu durant la période précédant le mercredi des Cendres.

Mars ou avril

Semaine sainte
Festivités religieuses et processions.

Avril

Peixe em Lisboa
Dégustations, cours de cuisine de grands chefs, marché de gourmets… C'est le rendez-vous gastronomique de l'année au pavilhao Carlos Lopes!
www.peixemlisboa.com

Dias da Música
em Belém Un festival de musique classique au centre culturel de Belém.
www.ccb.pt

Fête de la Liberté
Le 25 avril, cérémonies officielles et défilés militaires en souvenir de la chute du régime de Salazar en 1974.

Indielisboa
Festival international du film indépendant avec plus de 300 films projetés dans plusieurs cinémas de la ville.
www.indielisboa.com

Mai

Festival de Sintra
Fin mai-début juin, les spectacles de musique et de danse investissent les palais de Sintra, de Pena ou de Queluz.
www.festivaldesintra.pt

Alkantara Festival
Fin mai-début juin, biennale de danse contemporaine qui réunit artistes portugais et internationaux autour d'une programmation audacieuse. Prochaines éditions en 2020, 2022…
www.alkantarafestival.pt

Somersby Out Jazz
De mai à septembre, concerts gratuits de jazz, funk, soul et hip-hop dans les parcs et jardins de la ville le dimanche à 17h.
www.ncs.pt/outjazz

Juin

Feira do Livro
Fin mai-début juin, cette grande foire au livre se déroule dans le parc Eduardo-VII pendant une quinzaine de jours.
www.feiradolivrodelisboa.pt

Festas de Lisboa/Festas dos Santos Populares
Pendant un mois, les Fêtes de Lisbonne font vibrer les vieux quartiers de la capitale : spectacles de rue, concerts, expos, fête du fado… avec pour temps forts les fêtes des saints populaires et leurs défilés costumés avenida da Liberdade, les bals et fêtes de rue pour les saints Antoine (12 et 13 juin), Jean (23 et 24) et Pierre (28 et 29).
www.culturanarua.pt

Fête nationale
Célébrée le 10 juin, elle marque aussi le souvenir de la mort du poète Luís de Camões en 1580.

Arraial Lisboa Pride
Fin juin, le terreiro do Paço se transforme en village gay, avec des activités tout public le jour, et une immense piste de danse le soir.
www.ilga-portugal.pt

Juillet

Festival de Théâtre d'Almada
Début juillet, productions théâtrales nationales et internationales à Lisbonne et sur l'autre rive du Tage.
www.ctalmada.pt

Super Bock Super Rock
À la mi-juillet, ce festival de rock enflamme Sesimbra, près de la plage de Meco, avec des stars internationales.
www.superbocksuper rock.pt

Cool Jazz Fest
Concerts jazz ou pop en plein air à Oeiras, dans la banlieue ouest de Lisbonne.
www.edpcooljazz.com

Festival ao Largo
Tout le mois de juillet, opéras et concerts classiques gratuits et en plein air devant le théâtre de São Carlos.
www.festivalaolargo.pt

Nos Alive
Le grand festival de musique pop de Lisbonne se déroule pendant trois jours au Passeio Marítimo de Algès.
www.nosalive.com

Août

Jazz em Agosto
Première quinzaine d'août, festival jazz de haute volée dans le parc de la fondation Gulbenkian.
www.gulbenkian.pt/jazzemagosto

Festas do Mar
Fêtes de la Mer à Cascais pendant une dizaine de jours : nombreux concerts et animations…

Septembre

Queer Lisboa
Le festival du film gay et lesbien de Lisbonne a lieu fin septembre.
www.queerlisboa.pt

Bairro das Artes
L'art contemporain est à l'honneur lors de cette « nuit blanche » lisboète.
www.bairrodasartes.pt

Jornadas Europeias do Património
Les Journées européennes du patrimoine ont lieu le 3e week-end du mois. Reconstitutions historiques, visites de sites, performances… De nombreux sites ouvrent exceptionnellement leurs portes.
www.patrimoniocultural.gov.pt

Novembre

Lisbon & Sintra Film Festival
Le rendez-vous du cinéma international : projections,

débats, rétrospectives, ateliers, concerts, expos…

www.leffest.com

Décembre

Fête du Nouvel An

La nuit de la Saint-Sylvestre est un événement important à Lisbonne avec des concerts, des animations et un feu d'artifice tiré en face du fleuve !

LEXIQUE

Expressions usuelles

Assez : *suficiente*
À tout à l'heure : *até já, até logo*
Au revoir : *adeus*
Beaucoup : *muito*
Bonjour : *bom dia* (avant 13 h), *boa tarde* (13 h-20 h), *boa noite* (après 20 h)
Excusez-moi : *desculpe-me, com licença*
Je ne comprends pas : *não compreendo, não percebo*
Je vous en prie : *faz favor*
Madame : *a senhora*
Merci : *obrigado/a*
Monsieur : *o senhor*
Non : *não*
Oui : *sim*
Pourquoi ? : *por quê ?*
Rien : *nada*
S'il vous plaît : *faz favor, por favor*

Au restaurant

Addition : *conta*
Assiette : *prato*
Beurre : *manteiga*
Bière : *cerveja*
Bistrot, troquet : *tasca, tasquinha*
Bœuf : *vaca*
Bouteille d'eau/de vin : *garrafa de água/ de vinho*
Brasserie : *cervejaria*
Café : *café*
Chocolat : *chocolate*
Déjeuner : *almoço*
Demi-portion : *meia dose*
Dessert : *sobremesa*
Dîner : *jantar*
Eau minérale (avec gaz, sans gaz, fraîche, naturelle) : *água mineral (com gás, sem gás, fresca, natural)*
Fromage : *queijo*
Fruits : *frutas*
Gâteau : *bolo, doce*
Glace : *gelado*
Glaçon (avec ou sans glaçon) : *gelo (com ou sem gelo)*
Hors-d'œuvre : *petiscos*
Huile : *azeite*
Jambon blanc : *fiambre*
Jambon cru : *presunto*
Jus de fruits, d'orange : *sumo de fruta, de laranja*
Lait : *leite*
Menu : *carta, lista*
Menu touristique : *ementa turística*
Morue : *bacalhau*
Pain : *pão*
Parfum (glace) : *sabor do gelado*
Pâtes : *massas*
Petit déjeuner : *pequeno almoço*
Poisson : *peixe*
Salade verte : *alface*
Sel et poivre : *sal e pimenta*
Sucre : *açúcar*
Thé : *chá*
Verre : *copo*
Viande : *carne*
Vin : *vinho*

À l'hôtel

Chambre : *quarto*
Lit (à deux places) : *cama (de casal)*
Nuit : *noite*
Réservation : *reserva*
Salle de bains : *casa de banho*

En ville

Argent : *dinheiro*
Banque : *banco*
Boîte aux lettres : *caixa dos correios*
Bus : *autocarro*
Distributeur automatique : *caixa multibanco*
Embarcadères : *estação fluvial*
Métro : *metro*
Poste : *correios*
Quais : *cais*
Rue : *rua*
Taxi : *táxi*
Téléphone : *telefone*
Timbre-poste : *selo*

Shopping

Acheter : *comprar*
Argent (matière) : *prata*
Bon marché : *barato*
Bijoux : *joias*
Bijouterie : *ourivesaria*
Boutique : *loja*
Broderie : *bordado*
Caisse : *caixa*
Chaussures : *sapatos*
Chemise/chemisier : *camisa*
Cher (trop cher) : *caro (demasiado caro)*
Combien est-ce ? : *quanto custa ?*
Coton : *algodão*
Cuir : *couro*
Disque : *disco*
Essayer (un vêtement) : *experimentar (uma peça de roupa)*
Fermé : *fechado*
Jouet : *brinquedo*
Lingerie : *lingerie, roupa interior*
Livraison : *entrega*
Livre : *livro*
Marché : *mercado*
Mode : *moda*
Or : *ouro*
Ouvert : *aberto*
Payer : *pagar*
Peau, cuir : *pele, couro*
Pointure : *tamanho, medida do calçado*
Prix : *preço*
Qualité : *qualidade*
Rabais : *desconto*
Retouche : *retoque de uma roupa*
Robe : *vestido*
Sac : *carteira*
Solide : *resistente*
Taille : *tamanho*
Veste : *casaco*

INDEX

Crédit photographique

Intérieur

Légende : h = haut, b = bas, c = centre

Patrice Hauser : 3h, 4h, 7, 8, 18, 21b, 45, 51, 55, 59, 61, 69, 77, 79, 99, 101, 107, 113, 116, 119b, 123, 125, 128, 129, 131, 133, 140, 141h.

Jérôme Plon : 7h, 23, 28, 47, 59, 64, 75, 96, 91, 116, 119h, 125.

Yoann Stoeckel : 3, 4c, 5h, 5b, 9h, 15b, 24, 33, 41b, 43, 47, 71, 76, 79b, 81, 87, 102, 115, 126, 135-138, 141b, 145, 147, 149, 153, 161, 167, 171.

Natasha Penot : 11, 27, 49.

Agefotostock : Michael Zegers/image Brocker 92, Doco Dalfiano 117.

AdobeStock : Nataraj 7, Kirilart 94.

Hachette : 142.

hemis.fr : Pierre Jacques 12, 57, 65, Camille Moirenc 10h, 111, Bertrand Rieger 3c, Morandi Tuul et Bruno 32, 56, Heintz Jean 42, Maisant Ludovic 66, 144, 104, Jon Arnold Images 20, 88, 122, Hauser Patrice 148, Axiom 151, John Warburton Lee 162, Avenet Pascal 105.

Shutterstock : Vadim Petrakov 1, Neirfy 4b, Goncalo Borba 5, Ververidis Vasilis, Sean Pavone 12, Dima Moroz 23h, jiawangkun 35, Mauro Rodrigues 38, Christophe Cappelli 67, StockPhotosArt 89, javarman 121, pinggr 143, Luis Santos 170.

Nous adressons nos remerciements aux établissements suivants pour leur aide précieuse et pour nous avoir permis de reproduire leurs photographies :

© Turismo de Lisboa 9b, Ministerium Club © Rui Soares 26, © Rooftop Yoga Lisboa : 110, © Pastelaria Batalha 174.

Adobe Stock : Ubenjonatan 16, Hieronymus Ukkel 30, Kavalenkava 78, Pascal 112, Tatyana A. - tataks 155, Samuel B. 173, oscar 177.

Couverture

hemis.fr : Belem, Jon Arnold Images.

Natasha Penot, auteur de cette dernière édition

Lorsqu'elle n'est pas sur scène, Natasha arpente les rues des plus grandes villes pour la collection Un Grand Week-end. De Lisbonne, elle nous livre ses coups de coeur, entre balades en ascensor et siestes sur les miradouros, pastéis de nata et tasca populaire, palais de Sintra et boutiques branchées de Príncipe Real...

Dernière édition revue et enrichie par Natasha Penot
Édition antérieure revue et augmentée par Gaëlle Redon, Natasha Penot et Marjolaine Koch
Édition originale établie par Catherine Tanneau Cremonesi

Direction : Sidonie Chollet
Direction éditoriale : Cécile Petiau
Équipe éditoriale : Joël Ambroggi, Marine Barbier-Blin, Béatrice Hemsen, Catherine Laussucq, Émilie Lézénès, Géraldine Péron, Adam Stambul
Lecture-correction : Marie-Pia Verguin
Cartographie : Frédéric Clémençon, Aurélie Huot
Fabrication : Liza Sacco
Conception graphique de la couverture et de la maquette intérieure : Minsk Studio
Illustrations : Minsk Studio
Mise en pages : Nord Compo
Contact presse : rmazef@hachette-livre.fr
Contact publicité et partenariats : partenariat-tourisme@hachette-livre.fr

Et tous nos remerciements à Antoine Béon pour son aide et son regard avisé sur la direction artistique de la collection.

Aussi soigneusement qu'il ait été établi, ce guide n'est pas à l'abri des changements de dernière heure, des erreurs ou omissions. Ne manquez pas de nous faire part de vos remarques. Informez-nous aussi de vos découvertes personnelles, nous accordons la plus grande importance au courrier de nos lecteurs :
weekend@hachette-livre.fr

Édité par Hachette Livre (58, rue Jean-Bleuzen, CS 70007, 92178 Vanves Cedex)
Imprimé par Polygraf (Capajevova 44, 08199 Presov, Slovaquie)
Achevé d'imprimer: mars 2021
ISBN: 978-2-01-710699-9 – 88-9634-6
Dépôt légal: avril 2021 - Collection n°44 - Édition: 01